Manuel Jork

Selbstrealisation

Die Kunst des Seins

Ein Übungsbuch

EDITION
SCHANGRILA

Erste Auflage 1986

Umschlaggestaltung: W. Jünemann
Gesamtherstellung: Schneelöwe, Haldenwang
ISBN 3-924624-40-2

Printed in Germany

Inhaltsverzeichnis

Vorwort

Dieses Übungsbuch ist für all diejenigen geschrieben, die auf eine ungebundene Weise, kurz und knapp, die wichtigsten Aspekte des Erkennens des eigenen *Selbst* erfahren möchten.

Dieses Buch enthält alles, was Sie brauchen, um den für Sie richtigen spirituellen Weg selber zu finden. Ihnen wird gezeigt, wie Sie Freiheit und Unabhängigkeit entwickeln und trotzdem, oder gerade deswegen, Ihr ganz »normales« Alltagsleben meistern und zu einem Abenteuer werden lassen können. Sie werden den Spaß an Kleinigkeiten wiederentdecken und dabei das Universum mit Ihrem Bewußtsein anfüllen!

Das spirituelle Wissen wurde oft mit der Aura des Geheimnisvollen umgeben. Dies hatte sicher viele Gründe. Aber wir sollten uns heute nicht mehr darüber täuschen, daß die Wahrheit und Wirklichkeit des Lebens in *allen* Einzelheiten offen vor unseren Augen liegt. Wir brauchen die Augen nur zu öffnen!

Diese Wahrheit ist einfach und unphänomenal. Diese Einfachheit ist für viele enttäuschend und gleichzeitig eine Erschwernis, die sie kaum überwinden können. Aber die Wahrheit ist nun einmal einfach. Sie ist nur für den phänomenal, der von ihr weit entfernt ist. Je näher man ihr kommt, desto natürlicher und unsensationeller wird sie. Das ist unbequem für alle, die nur »suchen« wollen, aber ein Glück für die, die wirklich einmal »finden« möchten.

Die Erfahrung des *Selbst* ist die Ursache allen Lebens. Mit Hilfe der in diesem Buch genannten Übungen und mit den vielen Techniken, die Sie selbst noch für sich entdecken werden, können Sie zur bewußten Ursache Ihres Lebens werden. Dazu müssen Sie nur *eine* Ursache setzen:

ÜBEN!

1. Kapitel
»Das Selbst«

Die spirituellen Gedanken, die in diesem Übungsbuch zum Ausdruck kommen, können für Sie nur dann eine eigene Bedeutung entfalten, wenn Sie das Gelesene durch Nachprüfen und Ausprobieren zu einer eigenen Erfahrung machen. Deshalb werden wir immer wieder versuchen, die theoretischen Inhalte dieses Buches durch kleine praktische Übungen ganz konkret zu erleben. Am besten beginnen wir gleich mit einer solchen Übung.

> »Haben Sie schon einmal probiert, Sie selbst zu sein? Was ist Ihnen dabei aufgefallen?
>
> Falls Sie sich nicht mehr erinnern können, versuchen Sie es doch jetzt.
>
> Nehmen Sie sich 5 Minuten Zeit und probieren Sie, Sie selbst zu sein. Fühlen Sie sich selbst!«

Machen Sie bitte erst einen Versuch mit dieser Übung und lesen Sie danach weiter. Was ist Ihnen dabei aufgefallen? Haben Sie das Gefühl gehabt, daß Sie eigentlich nicht so recht wissen, was Sie da jetzt tun sollten? Eine gute Methode, um aus einer solchen Situation das Beste zu machen, ist die *Selbst-Beobachtung*.

Beobachten Sie einfach, was passiert und wie Sie sich verhalten und fühlen, wenn *Nichts* passiert bzw. wenn Sie das Gefühl haben, daß nichts passiert.

Sie werden gemerkt haben, daß es jetzt eine Fülle von Eindrücken gibt, die mit dem Versuch, das *Selbst* zu erleben, verbunden sind. Da ist zunächst die Verwirrung, die dadurch entsteht, daß ein Maßstab fehlt, um das einzuordnen und damit zu erkennen, was man wahrnimmt. Damit verbunden ist die Unsicherheit über das, was man da gerade versucht. Es wird wahrscheinlich die Frage auftauchen, ist das eigentlich richtig und sinnvoll, was ich hier mache, oder werde ich nur auf geschickte Weise hinters Licht geführt.

Weiter fällt auf, daß man sein Bewußtsein nicht so ohne weiteres loslassen und sich zurückziehen lassen kann, um das *Selbst* zu spüren. Uns werden wahrscheinlich eine Menge Gedanken durch den Kopf jagen, die uns scheinbar nicht zur Ruhe und zur Konzentration kommen lassen.

Möglicherweise wenden Sie bereits jetzt ein, daß es wohl speziellere Übungen geben muß, um das *Selbst* zu erfahren, als dieses einfache »Seien-Sie-Jetzt-Sie-*Selbst*«, mit dem man an sich nicht so viel anfangen kann. Es liegt aber nicht an der mangelnden Kompliziertheit der Übung, sondern an der fehlenden Fähigkeit, mit dieser Einfachheit umzugehen.

Vielleicht haben Sie aber auch schon ein Gefühl oder eine Intuition, daß es hier irgendwo im Inneren verborgen ein *Selbst* geben muß.

Es gibt eine Fülle von gefühls- und verstandesmäßigen Eindrücken, die unser Wachbewußtsein überlagern und uns hindern, zum Kern des Seins vorzudringen.

Man hört häufig, daß es die äußeren Eindrücke sind, die einen von der Selbstfindung abhalten. Und hier können wir an unsere Erfahrungen der ersten kleinen Übung dieses Kapitels anknüpfen und als nächsten Schritt uns der Frage hinwenden, was in unserem Leben durch Außeneinflüsse gesteuert ist und was tatsächlich durch uns und aus uns selbst heraus geschieht.

Wenn Sie diese Übung jetzt machen, denken Sie bitte daran, daß es gut wäre, diese Übung auch im normalen Alltag zu machen, in einer ganz normalen alltäglichen Situation, und versuchen Sie dann wahrzunehmen, ob das, was Sie tun, aus Ihnen selbst heraus kommt oder ob Sie nur die Wirkung von Außeneinflüssen sind.

Versuchen Sie sich selbst zu beobachten, und Sie werden erstaunt sein, was für eine Vielfalt von Eindrücken hier auf Sie hereinströmt.

> »Nehmen Sie sich also etwas Zeit und setzen Sie sich einen Moment in Ruhe hin, schließen Sie die Augen, und beobachten Sie sich *Selbst*. Versuchen Sie *nicht*, die Wahrnehmungen oder Gefühle und Gedanken zu beeinflussen, also zu verstärken oder zu verhindern, sondern lassen Sie alles vor dem inneren Auge vorbeiziehen, und nehmen Sie nur die Position des Zuschauers

ein. Sie können sich auch gerne vorstellen, einem Theaterstück oder einem Kinofilm zuzuschauen. Lehnen Sie sich bequem zurück, und lassen Sie alles auf sich zukommen.«

Auch hier werden wir ähnliche Erlebnisse haben, wie bereits nach der ersten Übung. Wir werden sehr wahrscheinlich verwirrt und kaum in der Lage sein zu unterscheiden, was eigentlich von uns *Selbst* stammt und was von außen durch uns hindurchwirkt.

Ein Unterscheidungsvermögen zu erlangen, um unsere ureigenen Gedanken und Gefühle von den äußeren Einflüssen trennen zu können, ist einer der ersten Schritte zum *Selbst*.

Vielleicht schauen wir uns in diesem Zuammenhang einmal an, was alles von außen auf uns einströmt. Es beginnt mit der Erziehung im Elternhaus und in der Schule. Neben einem Gerüst, das wir dafür benötigen, uns *Selbst ausdrücken* zu können, wie z.B. Lesen und Schreiben und auch das Lernen des Denkens und Wahrnehmens, werden uns gleich von Beginn an bestimmte Denkweisen, Meinungen und Weltbilder eingeprägt. Bis wir merken, was geschieht, haben sich bestimmte Denk- und Verhaltensweisen schon festgesetzt und werden als etwas Ursprüngliches und als etwas uns eigenes erlebt, ohne daß wir überhaupt noch auf die Idee kommen, an deren Ursprung zu zweifeln. Sind wir deshalb sogenannte Opfer unserer Umwelt?

Wir haben bisher nur den ersten Aspekt der Einflüsse von außen betrachtet. Etwas, das von außen auf uns hereinströmt, muß noch lange nicht Bestandteil unseres Bewußtseins werden. Es gehört hierzu noch ein zweiter Aspekt. Und dies ist der Aspekt der Akzeptanz oder der *Annahme*. Ein von außen kommender Impuls kann nur dann zu einem Bestandteil unseres Bewußtseins werden, wenn wir ihn hereinlassen und annehmen.

Hier kommt sicher gleich der Einwand, daß man ja gar nicht in der Lage ist, eine Unterscheidung zu treffen und zu bestimmen, welchen Einfluß von außen man annehmen will oder nicht, sondern daß man hier hilflos der unfaßbaren Vielfalt der Eindrücke ausgeliefert ist. Also doch Opfer? Dies mag bei der Mehrzahl der Menschen tatsächlich so sein, doch es ändert nichts an der Tatsache, daß das Hereinlassen und die Annahme des Außenimpulses eine Voraussetzung dafür ist, daß dieser

Einfluß von außen zu einem Teil unseres Bewußtseins wird. Natürlich ist es nicht ganz leicht, diesen Punkt in das praktische Leben umzusetzen, aber wenn es so leicht wäre, dann wäre es auch leicht, den Zustand des *Selbst* einzunehmen, und dann brauchten wir daran nicht zu arbeiten. Es ist nicht leicht, aber es ist sehr *einfach*, wie wir noch sehen werden.

Wie schon gesagt, ist das Herausbilden des Unterscheidungsvermögens und das Erlangen der Kontrolle über das eigene Bewußtsein der erste Schritt auf dem Weg zum *Selbst*. Wie gelangt man nun aber zu diesem Zustand der Kontrolle, von dem viele nicht einmal wissen, daß es ihn überhaupt gibt? Auch dies geschieht durch das tägliche Üben. Und zwar lassen sich hierbei drei Zwischenschritte erkennen.

Der erste Schritt ist das »Sich-bewußt-machen«, welchen Einflüssen wir ausgesetzt sind. Dies geschieht durch *Selbstbeobachtung*. Auch hier kommt bestimmt der Einwand, wie man denn ein erhöhtes Unterscheidungsvermögen durch Selbstbeobachtung erlangen soll, wenn man doch für die Selbstbeobachtung bereits ein Unterscheidungsvermögen benötigt. Dieser Einwand ist richtig und führt uns mitten ins Geschehen. Wir machen es uns so einfach wie nur möglich und gehen mit unseren Übungen gleich einen Schritt weiter.

> »Versuchen Sie sich dazu eine konkrete Situation aus Ihrem täglichen Leben vorzustellen, in der Sie in einer besonderen Weise *reagiert* haben, also *Wirkung* äußerer Einflüsse waren. Das kann ein Ereignis am Arbeitsplatz, in der Schule, in der Familie oder in der Freizeit sein. Eine gute Übung wäre es, sich beim Zeitunglesen oder Nachrichtenhören zu beobachten; denn hierbei reagiert man ganz sicher. Auch wenn Sie sich überhaupt nicht berührt fühlen und gar nicht reagieren, ist dies ebenfalls eine Verhaltensweise, die wir beobachten können.
>
> Wir haben damit die Möglichkeit, unsere Reaktionen daraufhin zu untersuchen, ob sie uns ureigen sind oder durch Denkmuster von außen verursacht werden.
>
> Ein solches Denkmuster ist die Haltung »das ist eben so«; es ist aber eben *nicht* immer so, wie wir es gewohnt sind zu glauben.«

Nehmen Sie sich jetzt wieder etwas Zeit und probieren Sie diese Übung einmal aus.

Was fällt Ihnen auf? Durch unseren »Eigen« (!)-Impuls, mit der Selbstbeobachtung praktisch zu beginnen, haben wir eine *Ursache* gesetzt, deren *Wirkung* eine Erweiterung der Eigenwahrnehmung ist. Dies wiederum befähigt uns, weitere Ursachen in dieser Richtung zu setzen und uns schrittweise weiterzuentwickeln. Wir haben durch diesen kleinen Eigenimpuls einen kreativen Prozeß bzw. im Grunde genommen eine spirituelle Kettenreaktion in Bewegung gesetzt, die uns, wenn wir sie nicht wieder aufhalten, was in diesem zarten Anfangsstadium sehr leicht geschehen kann, schließlich sämtliche Geheimnisse des eigenen Seins enthüllen wird. Dieser Vorgang ist äußerst subtil, d.h. er ist zu Beginn kaum wahrnehmbar. Und deshalb ist die Gefahr groß, an dieser Stelle bereits wieder mit den Bemühungen aufzuhören. Wenn wir hier aber mit ein wenig Geduld und Beharrlichkeit fortfahren, können wir nach einem bestimmten Zeitraum zurückblicken und die ersten Veränderungen zwischen unserem Ausgangspunkt und unserem jetzigen Bewußtsein wahrnehmen. Dies alles geschieht langsam und sehr fein, aber das ist völlig in Ordnung so, weil es der *natürlichen* Entwicklung des einzelnen entspricht.

Gleichwohl ist diese kleine Übung der Selbstbeobachtung nicht leicht durchzuführen, denn hier trifft man auf das Problem, daß das Bewußtsein von den vielen Eindrücken überlagert ist, die wir ja hierdurch erst erkennen wollen. Es wird deshalb immer wieder Ihrer *Initiative* bedürfen, Ihre Aufmerksamkeit auf diese kleine Technik zu lenken. Sie werden vielleicht auch die Erfahrung machen, immer wieder abgelenkt zu werden und immer wieder von vorne anfangen zu müssen. Ein Weg zum *Selbst* erfordert aber eben auch einen sehr hohen Anteil an Eigeninitiative und Eigenhandlung und Beharrlichkeit und Geduld.

Kommen wir zurück zum ersten Schritt unserer Übung der Selbstbeobachtung.

Beobachten Sie Ihre Verhaltensweise in bestimmten Situationen; beobachten Sie, wie Sie auf bestimmte Einflüsse reagieren. Sie werden feststellen, daß bestimmte Einflüsse in Ihnen Reaktionen herbeiführen und andere wiederum nicht. Dies betrifft vorwiegend den Bereich Ihrer Gefühle und Ihrer Gedanken und darüber auch den Bereich Ihrer Handlungen. Nehmen wir hierzu ein praktisches Beispiel, das viele von uns kennen werden.

Sie befinden sich nach getaner Arbeit, wie jeden Tag, auf dem Weg nach Hause und geraten mit Ihrem Auto in einen Stau. Sie haben es eilig! Was passiert? Die übliche Reaktion auf diese Situation ist Nervosität, Ungeduld und Ärger. Woher kommt das? Dies hat etwas zu tun mit einem sehr grundlegenden Gesetz des geistigen Lebens: dem *Gesetz der Polarität!*

Wir leben in einer Welt des Ausdrucks oder der Schöpfung. Dieser Ausdruck ist nur möglich über ein Ausdrucksmittel, in einer Welt, in der sich das Ausgedrückte auch wahrnehmen läßt. Die Ausdrucksmittel, die uns zur Verfügung stehen, sind – wie wir später noch ausführlich sehen werden – zunächst der Körper, das Gefühl, und der Verstand.

Die Welten, in denen diese Arten des Ausdrucks wahrnehmbar sind, sind die Welten der ausgedrückten und vollendeten Schöpfung, die Welten von Materie, Energie, Raum und Zeit. Ausdruck zeigt sich in diesen Welten immer in Gestalt der *Dualität*, d.h. es gibt immer zwei Pole; deshalb *Polarität*. Es gibt ohne Dunkel kein Licht, und ohne die Vorstellung des Bösen gäbe es nicht das Gute und umgekehrt. Diese Dualität des Bewußtseins drückt sich überall im Leben aus, z.B. in der Dualität der Geschlechter, in der Polarität des Magnetismus und z.B. in der Polarität des Suchens *und* Findens.

Und schon sind wir wieder bei unserem Beispiel, der Stau-Erfahrung. Sie stehen im Stau und haben das Ziel, möglichst schnell nach Hause zu kommen. Der Verwirklichung dieses Zieles steht jedoch entgegen, daß Sie mit Ihrem Fahrzeug nicht vorwärts kommen. Damit befinden Sie sich an dem einen Ende des Pols und Ihr Ziel am anderen. Da Sie die beiden Pole nicht in Verbindung bringen können, erleben Sie eine Spannung. Diese Spannung endet erst mit Erreichen des Zieles. Da diese Spannung aber eine Reaktion unseres Bewußtseins auf einen Einfluß von außen ist, und wir lernen wollen, die Kontrolle über unser Bewußtsein zu erlangen, können wir mit Hilfe einer kleinen Übung versuchen, diese Spannung aufzulösen und uns auf diese Weise dem Einfluß von außen zu entziehen bzw. ihn nicht zu einem Teil von uns *Selbst* werden zu lassen.

Diese Übung könnte man »Entpolarisations-Übung« nennen, denn genau das geschieht hierbei. Dies ist der *zweite Schritt*.

Versetzen Sie sich noch einmal in die Stau-Situation mit allen damit verbundenen Gefühlen. Die Übung besteht darin, das duale Bewußtsein, das die Spannung hervorruft, loszulassen. Man könnte auch sagen, Sie überwinden Raum und Zeit.

Dies erreichen Sie so: Stellen Sie sich vor, daß Sie Ihr Ziel bereits erreicht haben. Stellen Sie sich vor, bereits zu Hause zu sein. Dies ist die erste Stufe dieser Übung. Als zweites müssen Sie nunmehr diese Vorstellung mit einem entsprechenden Gefühl verbinden. Versuchen Sie das Gefühl zu haben, das Sie hätten, wenn Sie Ihr Ziel erreicht hätten. Nehmen Sie das Gefühl auf, das Sie hätten, wenn Sie *jetzt* zu Hause ankommen würden.

In dem Moment, in dem Ihnen diese kleine Übung gelingt, löst sich die Spannung auf, und es ist Ihnen gelungen, bewußt und willentlich Ihr Bewußtsein den Einflüssen von außen zu entziehen bzw. Ihr Bewußtsein auf die Einflüsse von außen einzusellen und sie in einem für Sie nutzvollen Sinne umzusetzen. Diese Übung mag Ihnen vielleicht seltsam vorkommen, weil sie so aussieht, als ob man sich mit der Phantasie etwas einbildet, das tatsächlich nicht existiert. Heben Sie sich diese kritischen Gedanken bis zu einem späteren Kapitel auf, in dem wir das Thema der Imagination ausführlich besprechen werden.

Wichtig ist, daß diese Übung funktioniert! Und das tut sie!

Für die Zwischenzeit schlage ich Ihnen vor, an relativ unverfänglichen Beispielen, wie dem des Staus oder beliebigen anderen Alltagssituationen, diese Übung auszuprobieren. Versuchen Sie es einfach und Sie werden feststellen, daß Sie schrittweise einen Zugang zu Ihrem Bewußtsein und zu dessen Kontrolle oder besser zu dessen Handhabung erlangen. Sie merken auch, daß der Körper, das Gefühl und der Verstand lediglich Ausdrucksmittel für das Bewußtsein – das *Selbst* – sind und daß Sie sich als *Selbst* dieser Ausdrucksmittel bedienen. Kontrolle erlangen bedeutet deshalb nichts anderes, als zu lernen, wie man diese Ausdrucksmittel zum Wohle des *Selbst* einsetzt.

Das volle Verständnis dieser Zusammenhänge und das Wissen um die Handhabung des menschlichen Bewußtseins zum Wohle des *Selbst* – und nicht nur das Wissen, sondern auch die *praktische Anwendung* dieses Wissens – führt zum Erkennen der Realität des *Selbst*. Diesen Bewußtseinszustand nennt man *Selbst-Realisation*.

Wir fassen noch einmal zusammen: Unser erstes Ziel ist es, ein kontrolliertes Verhältnis unseres *Selbst* zu den uns umgebenden Einflüssen zu erlangen, d.h. die Fähigkeit zu entwickeln, bestimmte Einflüsse bewußt anzunehmen und in unser Bewußtsein aufzunehmen oder sie aus dem Bewußtsein auszuschließen und von ihnen unbeeinflußt zu bleiben. Als ersten Schritt hierzu haben wir die Selbstbeobachtung kennengelernt, durch die wir die Einflüsse und unsere Reaktionen darauf überhaupt erst wahrnehmen.

Als zweites haben wir anhand einer kleinen Übung versucht, die Kontrolle über Einflüsse von außen zu erlangen oder besser gesagt, die Kontrolle über uns und unsere Reaktionen auf die äußeren Situationen. Kontrolle erlangen bedeutet demnach also nicht, die Welt um uns herum zu ändern, sondern allein uns zu verändern. Genaugenommen verändern wir unseren Bezug zu den äußeren Situationen und Zuständen. Das ist das Geheimnis der Entpolarisierung.

Als *dritter Schritt* folgt nun die Anwendung der Entpolarisierungstechnik jetzt nicht mehr im konkreten Bereich des Alltags, sondern im Bereich des eigenen Seins. Praktisch geht das wie folgt:

> »Sie nehmen sich eine halbe Stunde Zeit, setzen sich bequem hin, schließen die Augen, atmen ein paarmal tief durch und stellen sich vor, Sie *Selbst* zu sein.«

Können Sie sich das vorstellen? Nicht? Macht nichts! Dafür waren ja die kleinen Vorübungen aus dem konkreten Alltag gedacht. Der Schritt in den ebenso konkreten, aber uns viel unvertrauteren Innenbereich unseres Bewußtseins geht etwas langsamer vor sich, da wir erst einmal einen Bezug bzw. einen Maßstab für die Beurteilung der von uns gewünschten Erfahrungen erlangen müssen.

Aber ebenso wie bei der Übung der Selbstbeobachtung, wo im Grunde das gleiche Problem auftrat, wird durch das Üben – und wenn es auch nur in ganz kleinen Schritten ist – der kreative Prozeß in Bewegung gesetzt und ein schrittweises Erkennen des eigenen *Selbst* erreicht.

Probieren Sie es aus, und betrachten Sie die Veränderungen über einen längeren Zeitraum hinweg, vielleicht eine Woche oder einen Monat. Wenn Sie keine klare Selbstwahrnehmung haben, weil Ihnen plötzlich die Gedanken unaufhörlich im Kopf herumgehen oder Sie von Gefühlen abgelenkt werden, lassen Sie sich nicht entmutigen.

Das ist ganz normal, da der Verstand dem Trägheitsgesetz folgt und mit allen Mitteln an den alten Zuständen festhalten will. Kämpfen Sie nicht dagegen an, da dies nur neue Polaritäten erzeugen würde. Im Gegenteil: Nutzen Sie diese Situation, um etwas über Ihr Verstandes- und Gefühlsbewußtsein zu erfahren; an den Reaktionen Ihres Verstandes auf die von Ihnen praktizierten Übungen können Sie erkennen, in welchem Ausmaß und in welchen Bereichen Ihr Leben von unkontrolliert angenommenen Einflüssen beherrscht wird. Nutzen Sie diesen Umstand zur Selbstbeobachtung. Machen Sie jetzt genau die gleiche Übung wie im Falle des Staus. Stellen Sie sich vor, daß Sie *Selbst* sind und es keine räumlichen oder zeitlichen Begrenzungen für Sie gibt. Nehmen Sie die unkontrollierten Gedanken, und entpolarisieren Sie sich hierzu, wie Sie es bereits geübt haben. Erleben Sie die Gedanken und Gefühle als Ausdruck Ihres *Selbst*. Und lenken Sie dann Ihre *Aufmerksamkeit* auf die Quelle dieses Ausdrucks. Sie haben damit Ihre Aufmerksamkeit auf das gerichtet, was Sie erfahren wollen: das *Selbst!*

Fügen Sie nun noch das Gefühl hinzu, das sich einstellt, wenn man *Selbst* ist. Erfühlen Sie diesen Zustand ganz sanft, ohne ihn festhalten zu wollen. Seien Sie völlig entspannt und *liebevoll* zu sich *Selbst*; üben Sie keinen Druck aus, da Sie sonst wieder eine Beziehung der Polarität herstellen.

Auch dieses Gefühl wird für Sie etwas Neues sein, bzw. wird Ihnen hier wieder der Maßstab für die Beurteilung fehlen. Genau gesagt fehlt nicht *Ihnen* dieser Maßstab, sondern Ihrem Verstand. Ihnen als *Selbst* ist der Maßstab bekannt! Denn Sie sind als *Selbst* der Maßstab Ihres eigenen Bewußtseins! Nur der Verstand, dem der Zustand der Nicht-Polarität unwahrnehmbar ist, wird sich gegen diese Erfahrung auflehnen. Haben Sie *Geduld*.

Diesen vorhandenen Maßstab bzw. die vorhandene Fähigkeit, etwas scheinbar Neues beurteilen bzw. wahrnehmen und verstehen zu können, können Sie entwickeln, indem Sie Ihre Vorstellungskraft – Ihre Imagination – zu Hilfe nehmen und anwenden. Stellen Sie sich einfach das Gefühl vor, daß sich entsprechend Ihrer Wahrnehmung einstellen müßte, wenn Sie den Zustand des *Selbst* einnehmen.

Setzen Sie den kreativen Fluß in Bewegung! Natürlich wird Ihre Vorstellung zu Beginn Ihres Weges eine andere sein als nach einiger Zeit der Erfahrung. Aber das ist jetzt nicht entscheidend. Wichtig ist, daß Sie dies wissen und sich auf die Veränderungen flexibel einstellen können.

Noch einmal: Wenn Sie sich hinsetzen und Sie *Selbst* sein wollen, werden Sie wahrscheinlich zwei Pole wahrnehmen. Der eine entsteht durch den Wunsch und die Intuition, das eigene Sein wahrnehmen zu wollen; und der andere entsteht durch die Muster des Verstandes, die uns sagen, daß es so etwas gar nicht gibt oder zumindest auf *diese* Weise nicht wahrgenommen werden kann. Daß es schlicht Unsinn ist, was wir da machen. Beobachten Sie diese widerstreitenden Pole in sich. Und dann wenden Sie die Übung der Entpolarisation an!

Versuchen Sie diese Übung regelmäßig zu praktizieren, denn sie hat eine ganz wesentliche Bedeutung für Ihr Bewußtsein. Dadurch daß Sie bezogen auf sich *Selbst* diese Übung anwenden, öffnen Sie Ihr Bewußtsein für eine spirituelle Kraft, die Ihnen schrittweise das Erlebnis der Selbst-Realisation enthüllen wird.

Diese Art der spirituellen Übung nennt man auch *Kontemplation*.

Sie werden nach diesem ersten Kapitel sicherlich eine Fülle von Fragen haben. Machen Sie folgendes: Schreiben Sie alle Fragen auf, und versuchen Sie, zunächst eine Antwort für sich zu finden. Machen Sie dies wieder ganz sanft und ohne Druck. Wenn sich nicht sofort eine Antwort einstellen sollte, ist das völlig in Ordnung. Sie werden in jedem Fall früher oder später in der Lage sein, sämtliche Antworten zu finden.

Könnte man hinsichtlich der Fragen nicht auch die Entpolarisationstechnik anwenden? Was würde dabei herauskommen? Probieren Sie es aus! Am besten gleich mit den naheliegendsten Fragen:

Bildet man sich nicht bloß etwas ein, wenn man sich mittels der Imagination einen gewünschten Zustand vorstellt? Bildet man sich dann nicht etwas ein, was der Realität gar nicht entspricht? Wozu muß man überhaupt Selbst-Realisation erlangen? Wollen Sie das eigentlich? Wenn ja, warum? Wenn man die Welt nicht ändern kann oder soll, wird man dann nicht introvertiert und realitätsfremd? Täuscht man sich nicht selbst, wenn man die eigene Haltung zu den uns umgebenden Dingen des Lebens ändert und so tut, als ob alles ganz anders wäre? Verliert man damit nicht den Bezug zur Wirklichkeit?

Scheuen Sie sich nicht, diesen Fragen noch andere hinzuzufügen, wenn Sie möchten, und beobachten Sie sich *Selbst*, wie Sie mit diesen Fragen umgehen. Könnten Sie auch mit den Antworten umgehen?

Am Ende dieses Buches werden Sie diesen Antworten ein gutes Stück näher sein und damit auch Ihrem *Selbst!*

2. Kapitel
»Gibt es ein Leben vor dem Leben?«

Es gibt eine Frage, die sich wie ein roter Faden durch viele religiöse oder spirituelle Lehren zieht. Eine Frage, die auch das Interesse und das Bedürfnis nach phänomenalen Dingen anspricht, obwohl es sich hierbei um überhaupt nichts Phänomenales handelt.

Die Frage ist: »Gibt es ein Leben nach dem Tod?« Diese Frage kann man auch rückwärts stellen: »Hat man schon vor diesem Leben in einer anderen Verkörperung gelebt?«

Fangen wir auch hier gleich mit einer kleinen Übung an:

> »Begeben Sie sich hierfür zunächst in den Zustand der *Kontemplation*, wie wir ihn im vorigen Kapitel beschrieben haben. Gehen Sie nun vor Ihrem geistigen Auge Ihr Leben rückwärts zurück. Durchlaufen Sie sämtliche Zeiten Ihres bisherigen Lebens bis hin zu der Zeit Ihrer Ausbildung, der Schulzeit, der Kindheit und schließlich der ganz frühen Kindheit bis hin zum Säuglingsalter. Versuchen Sie wieder zu dem Bild oder der Imagination auch ein passendes Gefühl aufzunehmen. Dies wird umso schwieriger, je weiter Sie in Bereiche zurückgehen, an die Sie sich nur noch schwer erinnern können. Versuchen Sie es trotzdem! Versuchen Sie dies auch mit Ihrer Geburt. Durchleben Sie noch einmal diesen Zustand und zwar aus der Position des außenstehenden Betrachters. Falls Sie keine konkrete Erinnerung zu haben scheinen, stellen Sie sich diese Situation mit Hilfe Ihrer Imaginationskraft einfach vor.
>
> Nehmen Sie *jetzt* den Moment wahr – erfühlen Sie den Moment –, an dem Sie begonnen haben, physisch zu leben.
>
> War es der Moment, in dem Sie den obligatorischen Klaps auf

das Hinterteil bekommen haben, oder war es später oder bereits früher?

Versuchen Sie nicht, darüber nachzu*denken!* Versuchen Sie, diesen Moment zu er*fühlen*. Sie können diese Übung für 5 bis 10 Minuten ausprobieren, bevor Sie weiterlesen, damit Sie eine Wahrnehmung für die Bedeutung dieses Kapitels bekommen.«

Wir haben gesehen, daß die Welten des Ausdrucks Welten von Raum und Zeit, Materie und Energie sind. Welten, in denen das Prinzip der Dualität oder der Polarität gilt.

Versuchen Sie sich noch einmal, den Zustand der Kontemplation ins Bewußtsein zu holen. Haben Sie einen Gegenpol gespürt?

Wenn Sie die Kontemplation richtig durchführen oder diesen damit verbundenen Bewußtseinszustand einnehmen, werden Sie feststellen, daß Sie sich als *Selbst* in keinem räumlich-zeitlichen Bezugssystem befinden. Sie können mit dieser Methode der Kontemplation für sich *Selbst* erkennen, daß es Bewußtsein jenseits von Raum und Zeit gibt. Dies hat eine ganz wichtige Konsequenz, nämlich daß Raum und Zeit, Materie und Energie und damit sämtliche dualen Aspekte des äußeren Lebens nur einen einzigen Zweck erfüllen: Dieser Zweck ist es, dem Bewußtsein ein Mittel des Ausdrucks zu sein.

Man kann sich das bildlich folgendermaßen vorstellen: das Bewußtsein oder das *Selbst* existiert in einem Zustand des reinen Seins, eines Seins ohne duale Bezugspunkte, also auch ohne Ausdruck, oder genauer gesagt, ohne bewußten Ausdruck im räumlich-zeitlichen Sinne. Ein »Sich-Bewußt-Werden« kann erst dann einsetzen, wenn sich das *Selbst* zu sich selbst in Bezug setzt, wenn sich das *Selbst* sozusagen eine Ebene schafft, auf der es sich selbst beobachten und untersuchen kann. Um eine solche Ebene bzw. ein solches Bezugssystem zu schaffen, ist es erforderlich, Bedingungen herzustellen, in denen sich das *Selbst* ausdrücken und Teile von sich selbst in einer stofflich-dualen Form manifestieren kann. Durch diese Manifestation wird dann die *Selbst*-Beobachtung und damit das Erkennen des *Selbst* erst möglich.

Aus diesem Grunde entsteht aus der Kraft des Bewußtseins ein räumlich-zeitliches Bezugssystem, das allein den Zweck hat, Spiegel und Ausdrucksebene für das Bewußtsein zu sein. Diese Bezugssysteme sind unsere stofflichen Welten. Um in diesen stofflichen Welten wahrnehmen und sich ausdrücken zu können, bedarf es für das *Selbst* allerdings einer entsprechenden stofflichen Form. Diese stoffliche Form sind die Körper, die das Bewußtsein umgeben. Es gibt nun nicht nur eine stoffliche Welt, sondern eine Vielzahl solcher stofflichen Welten, die sich immer feiner darstellen, je näher sie dem *Selbst* zugeordnet sind. Man spricht deshalb auch von den feinstofflichen Welten und den damit verbundenen feinstofflichen Körpern. Dementsprechend haben wir als Bewußtsein nicht nur einen Körper, sondern leben gleichzeitig in einer Vielzahl feinstofflicher Zustände, die wir ebenfalls als körperliche Zustände anderer Bewußtseinsebenen bezeichnen können.

Um dies etwas anschaulicher zu gestalten, können wir hier eine Übung der Selbstbeobachtung anwenden und uns die verschiedenen Zustände unseres ausgedrückten Bewußtseins – was man auch menschliches Bewußtsein nennen könnte – verdeutlichen.

> »Nehmen Sie wieder den Zustand der Kontemplation ein. Beobachten Sie sich *Selbst* und gleichzeitig Ihren physischen Körper. Sie werden feststellen, daß eine seltsame Beziehung zwischen Ihnen und Ihrem Körper besteht. Als erstes werden Sie ganz deutlich erkennen, daß Sie *Selbst* und Ihr Körper zwei verschiedene Dinge sind. Das mag für den einen ganz selbstverständlich sein, aber für einen anderen kann dies auch eine Erkenntnis sein, die sein bisheriges Bild von sich *Selbst* ins Wanken bringt. Seien Sie aber beruhigt, denn es geht nicht darum, den Körper, das Gefühl und den Verstand aufzugeben oder abzulegen. Es geht vielmehr darum, diese Aspekte unseres menschlichen Bewußtseins besser kennenzulernen, um mit ihnen vielseitiger umgehen zu können auf unserem Weg zur umfassenden Erkenntnis unseres Seins, auf dem Weg zum Ziel der *Selbst*-Realisation.
>
> Beachten Sie bitte: Hier haben wir einen klassischen Fall der Polarität zwischen dem einzelnen und seinem Ziel! Wie wäre es, wenn wir dies mit Hilfe der Kontemplationstechnik einmal untersuchen würden?
>
> Versuchen Sie nun, das Gefühl wahrzunehmen, das sich einstellt, wenn Sie merken, daß Körper und *Selbst* zwei verschiedene

Zustände sind. Merken Sie sich dieses Gefühl bzw. diese Wahrnehmung gut; wir werden in späteren Übungen immer wieder darauf zurückkommen.

Nun richten Sie Ihre Aufmerksamkeit auf Ihren physischen Körper.

Sie werden vielleicht feststellen, daß sich in diese Beobachtung auch Gefühle und Gedanken hineinmischen. Versuchen Sie diese fein säuberlich von der Körperwahrnehmung zu trennen. Beginnen Sie mit den Gefühlen. Beobachten Sie die Gefühle, und vergleichen Sie sie mit dem physischen Körper. Was stellen Sie fest?«

Vieleicht stellen Sie gar nichts fest oder fühlen sich verwirrt, weil Sie diese verschiedenen Bereiche Ihres Bewußtseins nicht auseinanderhalten können. Lassen Sie sich davon nicht entmutigen, probieren Sie es noch einmal. Versuchen Sie in die Vielfalt der Aspekte Ihres Bewußtseins eine klare ordnende Wahrnehmung zu bringen. Vielleicht haben Sie aber auch die Wahrnehmung, daß Ihr Gefühl eine Wirkung auf den physischen Körper ausübt. Sie haben damit festgestellt, daß Ihr Körper und Ihr Gefühl miteinander verbunden, aber dennoch zwei verschiedene Aspekte Ihres Bewußtseins sind. Die gleiche Übung können Sie auch mit den Gedanken machen, und Sie werden auch hier feststellen, daß Ihr Verstand eine eigene Qualität des Bewußtseins besitzt und weder mit den Gefühlen noch mit dem physischen Körper identisch ist. Es bestehen aber Wechselwirkungen zwischen dem Verstand, den Gefühlen und dem physischen Körper. Dies festzustellen und zu erkunden, könnte vielleicht eine weitere Übung darstellen.

Wir haben damit drei große Bereiche der stofflichen Welten erfahren. Das ist die physische Welt mit dem physischen Körper, die emotionale Welt, die man auch Astralwelt nennt, mit dem damit verbundenen emotionalen Körper oder *Astralkörper* und schließlich die Mentalebene, die sich im Mentalkörper, dem Sitz des Verstandes, ausdrückt.

Es mag vielleicht schwierig sein, den Gefühls- und den Gedankenbereich als körperliche Zustände wahrzunehmen. Dies liegt allein daran, daß wir nicht gewohnt sind, mit Dingen, die nicht zum Anfassen und damit also mit unseren sogenannten fünf Sinnen nicht wahrnehmbar sind, sicher umzugehen.

Der Astralkörper ist ein sogenannter feinstofflicher Körper, ebenso wie die Astralebene eine feinstoffliche Welt ist. Sie ist aus der Sicht des physischen Körpers unsichtbar. Dennoch besteht sie aus Energie und Materie und unterliegt den Gesetzen von Raum, Zeit und Polarität.

Der Astralkörper, der in unserem Gesamtsystem das Gefühl repräsentiert oder in dem Gefühle zum Ausdruck kommen und dann über den physischen Körper nach außen weitergegeben werden, ist ein Körper wie auch unser physischer Körper und besteht ebenso aus Materie und Energie.

Mit diesem inneren Körper können wir sehen und hören und Wahrnehmungen machen, wie auch mit dem äußeren Körper. Nur wird man diese Wahrnehmungen dann auf der entsprechenden Ebene machen, also nicht im Physischen, sondern im Astralen. Die meisten sogenannten okkulten Erscheinungen, wie Geistererscheinungen, Ufos oder ähnliche Dinge haben ihren Ursprung auf dieser Ebene des Bewußtseins. Menschen, die in der Lage sind, ihre Aufmerksamkeit auf diesen Körper zu verlagern, können dann entsprechende Wahrnehmungen haben. Es ist jedoch nichts Phänomenales daran. Es ist völlig natürlich, einen solchen Körper zu besitzen.

Das gleiche gilt auch für den Bereich der Gedanken, des Verstandes. Nur daß dieser Bereich noch etwas feinstofflicher als der Astralbereich ist. Viele Religionen haben in diesem Bewußtseinsbereich ihren sogenannten Himmel.

Es gibt natürlich eine Fülle von Abstufungen in diesen inneren Bereichen, aber diese drei genannten bilden gewissermaßen das Gerüst, das für eine erste Betrachtung und für ein Kennenlernen dieser Zusammenhänge wohl ausreichend ist.

Entscheidend ist für uns zu diesem Zeitpunkt eigentlich nur die Feststellung, daß wir als *Selbst* weder der physische Körper noch das Gefühl oder die Gedanken sind, sondern ein eigenständiges Sein, das sich der Gedanken und Gefühle sowie des physischen Körpers lediglich als Ausdrucksmittel bedient.

Bitte erinnern Sie sich an dieser Stelle noch einmal an die Übung aus dem crsten Kapitel, an die sogenannten Stau-Übung. Wenn Sie sich in einem Stau befinden oder einer ähnlichen Situation, die Sie in einen gefühls- oder verstandesmäßig unausgeglichenen Zustand versetzt, dann können Sie mit der zuvor genannten Technik jederzeit den Zustand der emotionalen oder mentalen Unbalance auflösen. Dies geschieht nicht durch den Körper oder die Gefühle und Gedanken selbst, sondern durch *Sie selbst*, aber mit einer deutlichen Wirkung auf Ihre Gedanken und Gefühle und damit auch auf Ihren Körper.

> »Lassen Sie als kleine Übung hierzu die Stau-Situation noch einmal vor dem geistigen Auge entstehen, und nehmen Sie das entsprechende Gefühl dazu auf. Führen Sie die Übung diesmal unter dem Aspekt durch, wahrzunehmen, daß Sie und Ihre Gefühle und Gedanken wie auch der physische Körper unterschiedliche Seinszustände sind, die von Ihnen *Selbst* eingenommen werden.«

Wenn das *Selbst* die Welten von Raum und Zeit schafft, um sich selbst auszudrücken und um sich selbst zu erfahren, dann heißt dies nichts anderes, als daß das *Selbst* sämtliche Aspekte, die potentiell in diesem Bewußtsein liegen, wahrnehmen und realisieren muß und daß es dann sämtliche potentiellen Aspekte des Bewußtseins in die Welten von Raum und Zeit hinein ausdrücken muß. Umgekehrt gesagt heißt das, daß die Welten von Raum und Zeit in all ihrer Vielfalt ein Spiegel des *Selbst* sind. Wieder umgekehrt gesagt heißt das, daß sie als Selbst sämtliche Erfahrungsmöglichkeiten, die diesen Welten von Raum und Zeit innewohnen, durchlaufen müssen, um sämtliche Aspekte Ihres *Selbst* zu erleben und zu erfahren; sie als *Realität* des *Selbst* zu erkennen. Deshalb sprechen wir auch von *Selbst-Realisation*.

Das mag ungeheuerlich klingen – unfaßbar im Hinblick auf die unermeßliche Vielfalt der Erfahrungszustände dieser Welten –, aber vergessen Sie bitte nicht, daß dieser Wertmaßstab – etwas ist viel, etwas ist groß und unermeßlich, etwas ist nicht zu schaffen – nichts mit Ihnen *Selbst* zu tun hat, sondern mit Ihrem Verstand, der in räumlich-zeitlichen Kategorien denkt und der seine Maßstäbe aus der Polarität oder der Dualität des menschlichen Bewußtseins bezieht.

Diese Erfahrungsschulung, wie man den Aufenthalt des *Selbst* in diesen Welten von Raum und Zeit auch nennen könnte, erfolgt natürlich nicht nur in einem einzigen Leben. Dazu sind die Erfahrungsinhalte wirklich zu vielfältig. Das einzelne individuelle Bewußtsein durchläuft auf seinem Weg der Schulung eine Fülle von sogenannten *Inkarnationen*;

das sind Verkörperungen bestimmter Erfahrungszustände wie z.B. der Zustand Mineral, Pflanze, Insekt, Tier bis hin zum Menschen mit all seinen unterschiedlichen Bewußtseinszuständen. In jedem dieser einzelnen Zustände verbringt das individuelle *Selbst* eine Vielzahl von Verkörperungen, die nach menschlichem Maßstab insgesamt in die Millionenhöhe gehen.

Diese Darstellung führt zu einer sehr interessanten Frage:

Was geschieht, wenn das *Selbst* sämtliche möglichen Erfahrungsstufen durchlebt und erfahren hat? Gibt es das überhaupt?

Nach vollständigem Durchlaufen der verschiedenen Erfahrungsstufen gelangt das *Selbst* tatsächlich an einen Punkt, an dem es sämtliche möglichen Bewußtseinszustände, die in den stofflichen Bereichen eingenommen werden können, erfahren und realisiert hat. Das Individuum kommt schließlich zu seiner *letzten Inkarnation*.

Der Zustand, den der einzelne während dieser letzten Inkarnation erlangt, ist die *Selbst*-Realisation.

Solange der einzelne diesen Zustand der Selbstrealisation nicht erreicht hat, wird er immer wieder Verkörperungen annehmen müssen. Er wird nach seinem Tode – nach seinem körperlichen Tod – wieder einen neuen Körper annehmen. Dies muß nicht notwendigerweise auf dieser physischen Ebene stattfinden, sondern kann auch auf einer der inneren Ebenen erfolgen. Das Prinzip bleibt jedoch auch in einem solchen Fall immer das gleiche. Es handelt sich noch immer um eine Verkörperung. Hat der einzelne den Zustand der *Selbst*-Realisation erfahren und ist er in der Lage, diesen Zustand auch aufrecht zu erhalten, so wird er nicht mehr in die Welten von Raum und Zeit hineininkarnieren müssen, es sei denn, er wünscht es so.

Er wird dann in der Lage sein, ein Leben als Bewußtsein jenseits der Grenzen der Polarität in den Welten des reinen Seins zu führen.

Sie werden sich wahrscheinlich fragen, wie ein solches Leben aussehen soll? Hier werden Sie wohl leider keine – für den Verstand – befriedigende Antwort erhalten können, denn jede Antwort müßte einen Bezug zum Verstand haben. Da die Zustände, von denen wir aber gerade sprechen, außerhalb des dualen Erfahrungsrahmens des Verstandes liegen, können wir diese Zustände mit den Mitteln des Verstandes nicht beschreiben.

Wenn Sie den Zustand der Kontemplation einnehmen, können Sie allerdings eine Wahrnehmung davon entwickeln, wie ein solches Leben vielleicht aussehen könnte.

Lassen Sie sich von den Dimensionen nicht erschrecken. Wir werden uns Schritt für Schritt die verschiedenen Aspekte dieses Zustandes bewußt machen und erfahren und dadurch einen *natürlichen* Zugang zu uns *Selbst* finden.

Wir sollten uns nun vielleicht ganz kurz mit einem anderen Gesetz der inneren Welten befassen, das eine sehr wichtige Funktion für die Erhaltung dieser ausgedrückten Welten und damit auch für das Prinzip der *Reinkarnation* hat: Das Gesetz von Ursache und Wirkung oder *Karma*.

Der Begriff Karma klingt okkult, aber dabei verbirgt sich dahinter etwas Einfaches. Das Karmagesetz bedeutet nichts anderes, als daß jede Ursache eine Wirkung hat, die der Qualität der Ursache entspricht und die auf das aussendende Bewußtsein dergestalt zurückwirkt, daß genau das, was der einzelne aussendet, wieder auf ihn zurückkommt. Dies kann in Gestalt von Lebensumständen, Situationen oder Ereignissen in unserem täglichen Leben geschehen. Auch sogenannte Zufälle fallen hierunter. Jede Handlung, jedes Gefühl und jeder Gedanke stellt einen Ausdruck des betreffenden individuellen Bewußtseins dar; im wörtlichen Sinne sind dies Teile unseres *Selbst*, die nach außen fließen und sich im Äußeren zeigen. Diese Form von nach außen fließender Energie in Gestalt einer Handlung, eines Gefühls oder eines Gedankens wirkt aufgrund ihrer Polarität auf die sie umgebende Materie ein, so daß entsprechend der Ladung dieser ausgesendeten Energie eine Rückwirkung entsteht.

Es ist sehr einfach, die Wirkungsweise dieses Gesetzes im eigenen Leben zu erkennen. Setzen Sie bewußt Ursachen, und beobachten Sie, was geschieht. Sie werden feststellen, daß sich dieses Gesetz auf eine seltsam perfekte Weise ständig erfüllt.

Dieses Gesetz hat überdies eine sehr wichtige Konsequenz zur Folge: Wenn es richtig ist, daß jede von uns gesetzte Ursache eine Wirkung hat, die in entsprechender Weise auf unser Leben zurückwirkt und es sogar bis in die Einzelheiten der physischen Existenz gestaltet, wenn es richtig ist, daß diese Welten mit all den Erfahrungssituationen nur dazu dienen, uns als *Selbst* zu realisieren, dann können wir daraus ableiten, daß sämtliche Dinge und Situationen, die in unser Leben treten, durch unser Bewußtsein – durch uns *Selbst* – verursacht worden sind.

Denken wir noch einmal daran, daß ein Einfluß von außen nur dann in unser Bewußtsein hereintreten kann, wenn wir dies zulassen. Wir können dann erkennen, daß nichts in unser Leben treten kann, das nicht in Übereinstimmung mit unserem Bewußtsein ist. Um Mißverständnissen gleich im Vorfeld zu begegnen, sei darauf hingewiesen, daß dies nicht etwa bedeutet, daß alles, was uns geschieht, von uns auch *gewünscht* wird, sondern es heißt lediglich, daß es in Übereinstimmung mit unserem Bewußtsein steht. Dies kann durchaus unerwünscht sein, gleichwohl entspricht es zu diesem Zeitpunkt unserem Bewußtsein.

Die Erkenntnis dieser Zusammenhänge hat einen ganz entscheidenden Einfluß auf unsere Fähigkeit, alltägliche Problemsituationen zu handhaben und unser Leben erfüllt und ausgeglichen zu leben. Ein Beispiel sei hier nur herausgegriffen: Wenn Sie wissen, daß die Dinge, die in Ihr Leben treten, letztlich durch Sie *Selbst* verursacht worden sind und in dem Moment, wo sie eintreten, in Übereinstimmung mit Ihrem Bewußtsein stehen, dann werden Sie nicht den üblichen Fehler machen und die Schuld für das, was geschehen ist, bei anderen suchen, sondern Sie werden die Ursachen hierfür in Ihrem eigenen Bewußtsein finden und mit ein bißchen Übung auch für die Zukunft korrigieren können.

Sie lernen auf diese Weise einen ganz wichtigen Aspekt der Selbstrealisation kennen, und das ist die vollkommene *Selbstverantwortung*.

Zum Abschluß dieses Kapitels wollen wir noch einmal auf das *Karma*-Gesetz zurückkommen. Dieses Gesetz ist es nämlich, das uns von einer Inkarnation in die nächste versetzt.

Wenn wir Ursachen gesetzt haben, müssen wir die entsprechenden Wirkungen erfahren und durchleben und zwar im Normalfall auf derselben Ebene des Bewußtseins, auf der die Ursachen gesetzt worden sind. Haben wir Ursachen auf der physischen Existenzebene gesetzt, und verlassen wir diese Ebene, indem wir unseren physischen Körper verlassen – das und nichts anderes ist der Vorgang des »Sterbens« –, bevor wir die Wirkungen erfahren haben, so bleibt eine polare Spannung zwischen Ursache und Wirkung bestehen, die unser Bewußtsein wieder auf die Ebene der Ursache zurückzieht.

Das ist es, was sogenannte Esoteriker mit dem Abarbeiten von Karma oder mit dem Durchleben karmischer Bindungen meinen.

Wir müssen deshalb so lange immer wieder inkarnieren, bis wir gelernt haben, die Kontrolle über das Setzen von Ursachen zu erlangen.

Wie wir diese Kontrolle erlangen können, werden wir in den folgenden Kapiteln ausführlich kennenlernen.

Wir werden dann in der Lage sein, aus diesem Leben das *letzte Leben* in manifestierter Form zu machen, wenn wir dies wünschen!

Was geschieht nun genau beim Sterben? Über dieses Thema hat selten jemand ehrlich nachgedacht, weil es angefüllt ist mit Ängsten und furchterregenden Vorstellungen, die eine Auswirkung der imaginativen Einflüsse unserer christlich-abendländischen Kultur sind. (Aus-)Wirkungen, die wir angenommen haben und die ihrerseits wieder Ursachen setzen; und zwar Ursachen, die uns in einem Zustand der Unkenntnis festhalten. Eine Folge davon ist, daß uns die Verdrängung des Todes angenehmer zu sein scheint als die ehrliche und offene Betrachtung, die für einen wißbegierigen Menschen selbstverständlich sein sollte.

Es gibt keinen Grund, vor dem Tod Angst zu haben. Der Tod ist nichts anderes als ein Wechsel des Bewußtseinszustandes von einer Ebene auf eine andere und vielleicht wieder auf die Ausgangsebene zurück. Dieser Vorgang ist völlig natürlich, und wir haben ihn alle schon millionenfach »am eigenen Leib« erlebt! Er ist notwendig für uns, um die Möglichkeit zu erhalten, sämtliche Erfahrungszustände dieses Universums zu realisieren; um bewußte Erkenntnis unseres *Selbst* zu erlangen.

Tod ist niemals Ende, da es ein Ende für das *Selbst* nicht gibt! Tod ist immer nur ein Übergang zu einer neuen Ausdrucksform des Lebens. Und zwar nicht irgend eines Lebens, sondern *unseres Lebens!* Wir sind in diesem spirituellen Sinne *unsterblich!* Dieser Gedanke ist vielen fremd und unerklärlich, aber das liegt nur daran, daß die Angst vor dem Tod eine klare Wahrnehmung dieser so offen vor uns liegenden Realität verhindert. Angst begrenzt das Bewußtsein und schränkt damit die Erkenntnisfähigkeit ein. Wenn wir uns von dieser Angst loslösen, werden wir unsere Entwicklung durch die unzähligen Inkarnationen und unsere Unsterblichkeit erkennen.

Wie können wir uns von dieser Angst loslösen? Ganz einfach! Wir brauchen nur die Technik der Entpolarisierung anzuwenden, wie wir sie im vorigen Kapitel kennengelernt haben. Versuchen Sie es! Das ist der Zweck dieses Übungsbuches.

Vielleicht sollte man den Begriff Tod austauschen gegen einen anderen, der in uns nicht diese Flut von negativen und angsterfüllten Assoziationen freisetzt, sondern *neutral* ist: Die am Ende einer Inkarnation erfolgende Umwandlung, »Kommutation«. Diese einmal im Leben stattfindende Kommutation wird von jedem individuell erlebt. Jeder wird also von anderen völlig unterschiedliche Erfahrungen machen. Es könnte sein, daß man dabei ein Gefühl der Ausdehnung und Schwerelosigkeit erlebt, wie es oft in Träumen oder spirituellen Übungen vorkommt, die wir später noch ausführlich kennenlernen werden. Schon bevor der physische Körper zu leben aufhört, kann sich das *Selbst* aus dem Körper herausbegeben und die neuen Zustände annehmen. Man kann dies besonders bei langsam an Schwäche oder Krankheit kommutierenden Menschen beobachten. Der Blick kehrt sich nach innen und die Imaginationen der anderen Bewußtseinsebenen überlagern sich bereits mit denen der noch realen physischen Welt. In welchem Umfang eine solche schrittweise Kommutation erfolgt, hängt von den Bindungen und Ängsten des Betreffenden ab. Wer sich lösen kann, gleitet sanft hinüber. Ausdehnung und Schwerelosigkeit, das Gefühl, in einem Wirbel aus Licht und Tonschwingungen durch das Universum getragen zu werden, sind mögliche Wahrnehmungen. Man kann aber auch ganz konkret die Erfahrung machen, daß man den Körper von außerhalb betrachet und ihn dann losläßt und seinen Weg auf der nächstinneren Ebene, sehr wahrscheinlich der Astralebene, fortsetzt. Häufig ist diese Erfahrung mit einem Licht- oder Tonerlebnis verbunden. Musik scheint von überall her zu erklingen, und oft sind andere Lebewesen der jeweiligen Ebene gegenwärtig, um dem Betreffenden zu helfen, sich in der neuen Situation zurechtzufinden. Das können Freunde oder Verwandte sein, die bereits kommutiert sind, oder aber auch noch im Physischen lebende Menschen, die gelernt haben, ihren Körper schon vor dem Tod zu verlassen und nach Belieben wieder in ihn hineinzugehen und dadurch in der Lage sind, anderen beim Sterben im Inneren zu helfen.

Was sich konkret ereignen wird, hängt vom Bewußtseinszustand des Betreffenden ab und wird bei jedem anders sein.

Auch die Dauer dieses Zwischenzustandes bis zur nächsten Verkörperung ist vom konkreten *Selbst* abhängig und wird in jedem Fall unterschiedlich wahrgenommen. In vielen Fällen fällt die Wahrnehmung der Zeit in sich zusammen, und Jahre vergehen subjektiv in Minuten. Die tatsächlich vergangene Zeit im irdischen Maßstab kann wenige Tage bis mehrere Jahre dauern.

Wenn dann sämtliche Bedingungen geschaffen sind, um an die karmischen Muster der vorangegangenen Inkarnation anzuknüpfen, beginnt der Eintritt in den neuen Körper. Bereits vor der Geburt im medizinischen Sinne nimmt das *Selbst* die Verbindung zu der neuen Form auf, ohne sich jedoch schon fest daran zu binden. Das *Selbst* ist in diesem Stadium frei, in den Körper einzutreten und wieder aus ihm herauszugehen. Erst mit der völligen Verselbständigung des neuen Körpers, also mit der Trennung von der Mutter, tritt das *Selbst* in den Körper ein und bildet eine neue Einheit.

Die häufig als letzter Ausweg gedachte Selbsttötung ist deshalb in doppeltem Sinn eine Täuschung. Erstens kann das *Selbst* nicht getötet werden! Und zweitens wird der rote Faden des Karma in Windeseile durch eine neue Verkörperung an genau der Stelle wieder aufgenommen, an der der Betreffende die Flucht ergriffen hat.

Bis zu dem Zeitpunkt, an dem das *Selbst* sich fest mit dem neuen Körper verbindet, kann der Betreffende eine konkrete und bewußte Wahrnehmung seiner Situation haben und vielleicht auch den roten Faden seiner karmischen Entwicklung bis in die vergangenen Leben hinein erkennen. In dem Moment aber, in dem das *Selbst* wieder fest in den neuen Körper eintritt, wird über das neue Bewußtsein ein Schleier des Vergessens gelegt, der dazu führt, daß sich der neugeborene Mensch nicht mehr an seine vorhergehenden Inkarnationen erinnern kann. Dies hat den Zweck, daß der Betreffende genau dort wieder den roten Faden der karmischen Entwicklung aufnimmt, wo er ihn bei der Kommutation kurzzeitig losgelassen hat.

Wenn wir diese karmischen Strukturen erkennen und in einem gewissen Maße realisiert haben, wird dieser Schleier des Vergessens durch die eigene Kraft der Realisation durchdrungen, und wir können uns an unsere vergangenen Leben erinnern und den roten Faden unserer dualen Existenz bewußt aufnehmen und fortsetzen.

Das Erkennen vergangener Leben ist aber nur dann sinnvoll, wenn wir daraus konkrete Erfahrungen für das *jetzige* Leben schöpfen können. Das Aufblättern vergangener Inkarnationen als eitles Vergnügen des okkulten Bewußtseins ist Zeitverschwendung. Deshalb kann es vorkommen, daß ein sich spirituell entwickelnder Mensch nur punktuelle Wahrnehmungen aus der Fülle seiner vergangenen Leben realisiert, weil gerade nur diese Erlebnisse für sein jetziges Leben von Bedeutung und unmittelbar notwendig für die Realisation des *Selbst* sind.

Solange das *Selbst* nicht mit dem neuen Körper fest verbunden ist, kann man nicht von einem eigenständigen Leben des neuen Körpers, des Embryos, sprechen; denn erst mit dem Eintritt des *Selbst*, mit dem Eintritt des Bewußtseins in den Körper entsteht eigenständiges Leben in der körperlichen Form. Vorher ist der neue Körper nur ein Teil des Mutterkörpers und damit ein Ausdruck des Mutterbewußtseins, das seinerseits in einem komplizierten schöpferischen Vorgang die Notwendigkeit der karmischen Strukturen in Gestalt des neuen Körpers manifestiert.

Die Entscheidung über diesen Manifestationsvorgang liegt allein beim Mutterbewußtsein. Jede Einschränkung dieser Entscheidungsfreiheit ist ein spirituelles Vergehen gegen die Mutter; denn sie zielt auf eine Begrenzung des Mutterbewußtseins und steht der Entwicklung des *Selbst* entgegen. Das entbindet das Mutterbewußtsein allerdings nicht von der Frage, inwieweit es sich dem schöpferischen Prozeß der Manifestation neuer Lebensformen zur Verfügung stellen sollte. Dies ist eine Frage der spirituellen Hingabe des *Selbst* an die Schöpfung durch das *Selbst* – und unterliegt damit der *Freiheit* des *Selbst*.

Sie sehen, der Tod ist nichts anderes als eine Umwandlung, die wir nicht zu fürchten brauchen. Wir müssen uns den Tod weder herbeisehnen, noch müssen wir uns gegen ihn wehren. Wir brauchen uns nur von ihm zu unserer nächsten Erfahrungsstufe forttragen zu lassen, wenn es soweit ist.

Haben Sie wieder Fragen? Schreiben Sie sie auf. Sie setzen damit eine Ursache, die früher oder später – je nach Übereinstimmung mit Ihrem Bewußtsein – zu einer Wirkung, vielleicht in Gestalt einer Antwort – führen wird. Aber achten Sie auf Ihre Erwartungen. Wer eine Frage stellt, muß auch die Antworten vertragen können. Und die Antworten auf unsere Fragen sehen nicht immer so aus, wie wir es uns wünschen! Sind Sie wirklich bereit für die Antworten?

3. Kapitel
»Das Lösen von Problemen«

Das *Selbst* trägt sämtliche spirituellen Aspekte des Seins in sich. Durch den Ausdruck dieses Seins in den Welten von Raum und Zeit mit Hilfe der stofflichen Körper realisiert das *Selbst* die Gesamtheit seiner inneren Fähigkeiten und Anlagen. Dieses *Selbst* an sich ist ein Aspekt von dem, was man Gott nennen könnte. Der Begriff Gott ist mit einer Fülle von unterschiedlichen Inhalten belegt, so daß man diesen Begriff nicht mehr anwenden kann, ohne sofort bestimmte Bild- und Vorstellungsmuster zu erzeugen, die einen neuen, freien und losgelösten Zugang zum Verständnis dieses allumfassenden Seinszustandes verhindern.

In allen Situationen und Bewußtseinszuständen, die uns in diesen Welten des ausgedrückten Seins begegnen, finden wir die Aspekte unseres Seins wiedergespiegelt. Wir haben im vorangegangenen Kapitel gesehen, daß es keine Situationen in unserem Leben gibt, die nicht in Übereinstimmung mit unserem Bewußtseinszustand stehen. Diese Situationen entstehen auf Grund der ständig von uns gesetzten Ursachen und sind deshalb von uns *Selbst* geschaffen.

Was ist nun ein Problem anderes als eine solche von uns geschaffene Situation?

Sie haben damit bereits den Schlüssel für das Lösen von Problemen in der Hand. Da sämtliche Lebenssituationen der Quelle Ihres Bewußtseins selbst entspringen, haben Sie an sich auch den Schlüssel zur Beantwortung sämtlicher möglichen Fragen in der Hand.

Der Weg der Selbst-Realisation bedeutet nicht, daß wir etwas an uns hinzufügen müssen, um *Selbst* zu sein. Wir sind *Selbst* in jedem Moment des Seins. Wir waren es immer, und wir werden es immer sein. In dem Moment, in dem Sie dies lesen, sind Sie *Selbst*. Es geht allein darum, dieses *Selbst* zu entfalten und zu entdecken, es aufzudecken unter all den stofflichen Hüllen des ausgedrückten Seins, die in seltsamer Wechselwirkung aber unerläßlich sind, um das Entdecken erst zu ermöglichen.

Es geht deshalb nicht darum, diese stofflichen Hüllen aufzugeben, sondern sie zum Wohl des *Selbst* und damit zum Wohl des Ganzen zu nutzen. Sie würden von diesem Schlüssel, den Sie in den Händen halten kaum erfahren, wenn es niemanden gäbe, der Ihnen mit Hilfe dieser stofflichen Mittel Hinweise geben würde. Und Sie würden diese Hinweise nicht wahrnehmen und nutzen können, wenn Sie *Selbst* diese stofflichen Mittel nicht auch anwenden und gebrauchen würden. Wie in diesem Moment. Die Körper, die uns umgeben, dienen uns zur Entfaltung unseres *Selbst*.

Die Probleme, die uns umgebenen, dienen uns zur Entfaltung unseres *Selbst*.

Sie sind in der Lage, dieses Kapitel selber weiterzuschreiben und für sich eine Antwort auf die Frage des Lösens von Problemen zu finden. Lesen Sie vielleicht noch einmal die vorhergehenden Kapitel, und finden Sie dort die Techniken und Übungen, um mit Problemen umgehen zu können. Vielleicht müssen Sie die Übungen dazu etwas umgestalten. Seien Sie kreativ und probieren Sie es aus.

Wie gefällt Ihnen diese plötzliche Freiheit, ein Kapitel aus eigener Erkenntnis fortsetzen und den Kniff zum Lösen von Problemen selber herausfinden zu müssen? Keine Angst, Sie werden an dieser Stelle *noch* nicht allein gelassen. Wir werden jetzt an einem konkreten Beispiel das Lösen von Problemen ausprobieren.

Die folgenden Fragen sollen uns dazu als Gerüst dienen und außerdem den kreativen Fluß in Bewegung setzen:

1. Was ist ein Problem?
2. Woher kommen Probleme?
3. Was geschieht in uns, wenn wir ein Problem erleben? Was geschieht dann mit dem kreativen Fluß?
4. Was können wir aus dieser Situation über uns lernen?
5. Wie können wir diese Situation (auf)lösen?

Dieses Buch ist ein Übungsbuch, weil spirituelle Entfaltung nur von jedem *Selbst* aus eigenem Wunsch und eigener Erfahrung erlangt werden kann. Niemand *kann* uns dies abnehmen, und niemand *braucht* uns dies abzunehmen, weil wir *Selbst* dazu in der Lage sind. Nehmen Sie sich Zeit. Nehmen Sie sich *viel Zeit*. Erlauben Sie sich, mit sich *Selbst* Geduld zu haben. Und probieren Sie die Übungen im praktischen Alltag aus; denn dort findet die eigentliche spirituelle Schulung statt!

Und jetzt ein Beispiel: In einem Mietshaus kommt es häufig vor, daß ein bestimmter Mieter – das ist unsere Testperson – von einem anderen Mieter ständig belästigt wird. Er wird beschimpft und beleidigt und ständig durch Lärm und Radau von diesem anderen Micter gestört. Unser Versuchsmieter kann überhaupt nicht mehr in Ruhe wohnen, ohne Angst vor weiteren Störungen haben zu müssen. Er wird nervös und aggressiv, kurz: er hat ein Problem.

Wie könnte man dieses Problem lösen?

Sollten Sie ganz spontan an eine Problemlösung durch Gewaltanwendung denken, vergessen Sie's! Erinnern Sie sich an das Karmagesetz?! Natürlich könnte unser Testproblemlöser auch aus dem Haus ausziehen. Aber würde er nicht die gleichen Probleme woanders wieder manifestieren? Karmagesetz? Verstanden? Gut! Wenden wir uns also den »richtigen« Lösungen zu:

1. Was ist ein Problem? Wir haben bereits oben gesehen, daß ein Problem eine von uns geschaffene Situation ist, um uns spirituell zu entfalten! Dem Störenfried eins auf die Nase zu geben oder aus dem Haus auszuziehen sind natürlich Möglichkeiten, aber wenn es nicht gerade *das* ist, was wir lernen sollen, dann verhindern wir letztlich nur unseren Lernfortschritt, wenn wir von diesen Möglichkeiten Gebrauch machen; denn wir laufen vor dem eigentlichen Problem davon.

2. Woher kommt dieses Problem? Diese Frage könnte auch lauten: »Wie erzeugen wir Lebenssituationen?« Auch hier erkennen wir die Wirkung des Gesetzes der Polarität und des Karmagesetzes; aufgrund unseres eigenen Bewußtseins wird die Realität um uns herum beeinflußt und entsprechend unserer Ursachen gestaltet. Das Problem ist nichts anderes als die Wirkung einer von uns gesetzten Ursache. Wenn wir die Zusammenhänge der karmischen Beziehungen in unserem Leben erkennen würden, könnten wir auch die Ursache für das Problem wahrnehmen. Damit würden wir etwas mehr über die Gründe unserer derzeitigen Situation erfahren, hätten das Problem aber noch nicht gelöst. Dennoch reicht diese Kenntnis und die damit verbundene Konfrontation mit dem

eigenen Bewußtsein oft schon aus, um das Problem zu bewältigen. Es lohnt sich deshalb, im Inneren nach den Ursachen zu suchen.

Sollten Sie danach das Problem immer noch haben, müssen wir etwas konkreter werden.

3. Wie erleben wir das Problem? Im Normalfall beginnen wir ungeduldig, ärgerlich und aggressiv zu werden. Unsere Wahrnehmung verengt sich auf diese eine Situation, und wir beginnen eine Angst vor jeder neuen Konfrontation mit dem Problem zu entwickeln.

Durch die Begrenzung unserer Wahrnehmung begrenzen wir auch unser Bewußtsein und damit unsere Fähigkeit, wir *Selbst* zu sein. Wir werden *Wirkung* unserer Umwelt. Wir werden Opfer eines Einflusses von außen! Kommt Ihnen das bekannt vor?

Von diesem Punkt an brauchen Sie nur noch in das erste Kapitel zurückzugehen und die Lösung für Ihr Problem liegt auf der Hand. Ihr Problem wird es jetzt eher sein, die Technik der Entpolarisation in einer solchen Situation auch erfolgreich anwenden zu können. Wie Sie *dieses* Problem lösen können, ist eigentlich das Thema des gesamten Übungsbuches; aber seien Sie versichert, wenn Sie ans Ende dieses Buches kommen, werden Ihnen diese Arten von Problemen keinen Schrecken mehr einjagen können.

4. *Was können wir aus dem Problem für uns lernen?* Probleme sind von uns *Selbst* geschaffene Energiezustände, die auf unsere äußere Welt einwirken und die uns umgebenden Lebenssituationen schaffen. In jeder Lebenssituation und damit auch in jedem Problem spiegelt sich unser Bewußtsein wider. Die Parallele zum Traumzustand wird hier deutlich. Auch im Traum drückt sich unser Bewußtsein aus, und zwar in Gestalt von Symbolen, die wir mit Hilfe der Traumdeutung entschlüsseln und uns damit erkennen können.

Was ist ein Problem anderes als ein Symbol für den Zustand unseres Bewußtseins? Wir brauchen dieses Symbol nur zu deuten, um etwas über uns zu erfahren.

Wofür könnte unser Beispielproblem ein Symbol sein? Wie können wir dieses Symbol entschlüsseln?

Wie auch Traumsymbole, liegen die Symbole der äußeren Realität nicht unmittelbar an der Oberfläche des Erkennbaren. Sie sind verschlüsselt, weil die offene Konfrontation des menschlichen Bewußtseins mit sich selbst ein hohes Maß an kontrollierter Aufmerksamkeit bedarf, um nicht von der karmischen Energie, die durch den Erkenntnisvorgang freigesetzt wird, niedergeschmettert zu werden. Wer den Zustand des Wirkung-Seins einnimmt, wird diese kontrollierte Aufmerksamkeit nicht verwirklichen können.

Wir müssen also Ursache sein, wenn wir die Symbole unserer Lebenssituationen enträtseln wollen.

Wir setzen eine Ursache, wenn wir uns offen und selbst-ehrlich fragen, was das Symbol bedeuten mag, und wenn wir dann die leisen inneren Impulse und Assoziationen aufnehmen und betrachten.

Durch die Technik der freien Assoziation umgehen wir die mentalen Barrieren und Widerstände gegen die Selbst-Konfrontation. Wir müssen dann nur die Konfrontation eingehen, diese Assoziationen unter dem Gesichtspunkt zu betrachten, daß sich hinter ihnen ein Aspekt unseres Seins verbirgt.

Lassen Sie uns verschiedene Deutungen versuchen:

a) Unser Nachbar ärgert uns. Wir bekommen Angst vor jeder neuen Begegnung mit ihm. Die Angst zieht unser Bewußtsein zusammen. Wir reagieren auf einen Einfluß von außen; wir werden Wirkung. Wir werden Opfer. Vielleicht entsteht jetzt eine Fülle von Assoziationen und Erinnerungsbildern früherer Situationen, in denen wir uns hilflos gefühlt haben und Opfer waren. Wir erkennen unser Angstmuster, das uns immer wieder in die gleiche Situation führt (Karma/Ursache und Wirkung/Polarität). Wir erkennen die Notwendigkeit zu lernen, Ursache zu sein und unser Leben eigenverantwortlich in die Hand zu nehmen.

b) Der Nachbar bemüht sich, uns unablässig zu stören. Er verwendet seine ganze Zeit damit. Er lenkt seine Aufmerksamkeit nur auf diesen Zustand. Er schenkt uns seine Aufmerksamkeit! Warum? Was will er damit bezwecken? Sucht er vielleicht selber Aufmerksamkeit? Fühlt er sich unbeachtet? Ungeliebt? Ist dies sein verzweifelter Versuch, Liebe zu erhalten? Haben wir ihm diese Liebe gegeben? Wohl kaum! Sind wir überhaupt in der Lage, Liebe zu geben? Was geben wir von uns an das Leben um uns herum? Vielleicht fallen uns jetzt Situationen ein, in denen wir etwas haben wollten, ohne dafür zu geben. Vielleicht können wir aus diesem Probesymbol die Notwendigkeit für uns erkennen, das Geben zu lernen.

c) Ein Mensch in unserem Haus behindert uns. »Haus« könnte ein Symbol für unser individuelles Bewußtsein sein. Die Behinderung im Äußeren ist deshalb vielleicht nur eine Spiegelung einer Behinderung in unserem Inneren! Gibt es in uns etwas, das uns hindert, frei nach innen zu schauen? Ist die Angst, unsere Wohnung zu betreten, weil im Haus der üble Nachbar lauert, nicht ein Spiegel unserer Angst, nach innen zu schauen und uns ehrlich ins Angesicht zu sehen? Vielleicht haben wir Angst, die Wirklichkeit unserer Existenz zu konfrontieren! Unsere Schwächen und Unzulänglichkeiten, wie sie uns durch die angenommenen gesellschaftlichen Bewertungsmuster eingegeben worden sind. Vielleicht löst dieses Bild eine Reihe von konkreten Assoziationen aus, die Sie auf den Weg der eigentlichen Symboldeutung bringt.

d) Der Nachbar hat seine Kontrolle verloren. Er ist aus der Balance geraten und hat sich uns gegenüber polarisiert. Der Nachbar ist der eine Pol, und wir sind der andere. Vielleicht ist der Inhalt dieses Problemsymbols lediglich der subtile Hinweis an uns, den Zustand der Balance einzunehmen, uns zu Entpolarisieren. Und damit sind wir schon beim letzten Schritt dieser Problemlösungstechnik.

5. *Wie können wir das Problem lösen?* Das Problem lösen heißt, die Situation auflösen. Man löst eine Situation auf, indem man ihr die Energie entzieht. Die Energie, die die Problemsituation am Leben erhält, ist die Angst, die wir davor haben. Wir entziehen der Situation die Energie, indem wir unsere Aufmerksamkeit auf einen anderen Bewußtseinszustand verlagern, z.B. durch die Verlagerung der Aufmerksamkeit von der Angst vor dem Problem zu dem Zustand des Gefühls der Balance.

Dies geschieht durch die Technik der Entpolarisation! Und wieder haben wir das Problem bewältigt und stehen jetzt vor einem viel größeren, nämlich dem der kontrollierten Entpolarisierung. Wenn Sie noch etwas Geduld haben, werden Sie mit dieser Technik bald vollkommen natürlich umgehen können.

Ein wichtiger Schritt in diese Richtung ist das Erkennen der spirituellen Kraft und die praktische Anwendung dieser Lebensenergie in unserem Alltagsleben. Wir werden dies im nächsten Kapitel näher kennenlernen.

4. Kapitel
»Die spirituelle Kraft«

Wir kommen jetzt zu einem Thema, das sich von den bisherigen Aspekten des spirituellen Lebens durch seine Konkretheit und Wahrnehmbarkeit unterscheidet.

Die Spirituelle Kraft. Sie wirkt in allen Dingen, dennoch ist sie für ein ungeübtes Auge nicht sofort erkennbar. Es bedarf hier einer schrittweisen Annäherung an unsere vorhandene Fähigkeit, diese Kraft wahrzunehmen und mit dieser Kraft umzugehen.

Was ist das für eine Kraft? Wie tritt sie in Erscheinung? Wie wird sie für uns erfahrbar? Am besten ist es auch hier, mit einer Übung den Zugang zu dieser Kraft zu finden.

> »Setzen Sie sich bequem auf einen Stuhl, und schließen Sie die Augen. Atmen Sie ein paarmal tief durch, und gehen Sie dann sanft in den Zustand der Kontemplation über. Beobachten Sie sich *Selbst* , und lösen Sie mit Hilfe der Imaginations-Technik die Polarität zwischen sich und den körperlichen Zuständen auf. Man nennt diese Technik auch die »Als-Ob-Technik«, denn Sie imaginieren sich *Selbst*, »als ob« räumlich-zeitliche Begrenzungen nicht bestehen würden.
>
> Nehmen Sie noch einmal die Imagination zu Hilfe. Stellen Sie sich vor, daß jetzt in diesem Moment eine Energie durch Sie hindurchfließt, die direkt dem allumfassenden Seinszustand Gottes entspringt, und lassen Sie sich von diesem Strom von Energiepartikeln tragen. Stellen Sie sich vor, wie diese Kraft die Gestalt von Lichtteilchen annimmt und wie dieses Licht durch Sie hindurchfließt. Beobachten Sie dies einfach, und halten Sie Ihre Aufmerksamkeit sanft und ohne Gegendruck auf diese Wahrnehmung gerichtet. Fühlen Sie nach innen! Spüren Sie etwas?
>
> Nehmen Sie sich Zeit, und führen Sie diese Übung jetzt aus.«

Wenn Sie diese Übung regelmäßig durchführen, d.h. vielleicht einmal pro Tag für nicht länger als 10 bis 20 Minuten, werden Sie ein Gefühl für die Wahrnehmbarkeit dieser spirituellen Kraft entwickeln.

Sie können die hier vorgeschlagenen imaginativen Bildvorstellungen natürlich ändern und Ihre eigenen für Sie angenehmen Imaginationen anwenden. Seien Sie kreativ. Es geht hier nur um *Ihr Selbst*. Finden Sie Ihren eigenen Weg nach innen. Bei jedem anderen wird dieser Zugang anders aussehen. Es ist deshalb nicht zu empfehlen, seine spirituelle Entfaltung an andere anzupassen. Es ist dagegen nichts einzuwenden, Erkenntnisse aus den Erfahrungen anderer für seine eigene Entfaltung zu ziehen und eigene, ganz individuelle Techniken für sich zu entwickeln.

Wie haben Sie diese Übung empfunden? Haben Sie etwas wahrgenommen? Was haben Sie erwartet?

Wahrscheinlich wird sich Ihre Erwartung nicht erfüllt haben, denn wie soll man die »richtige« Erwartung von dem haben, was man ja erst durch diese Übung erkennen will?

Vielleicht haben Sie aber etwas anderes, viel Feineres gespürt – vielleicht ein Prickeln an der Wirbelsäule. Vielleicht ist Ihnen eine leichte Gänsehaut über den Rücken gelaufen – eine wohlig angenehme Gänsehaut natürlich. Es könnte auch das Gefühl auftreten, daß man sich ausdehnt, daß im Kopf vor dem geistigen Auge – dem Punkt zwischen den Augenbrauen, den man auch das dritte Auge nennt – ein Wirbel entsteht, der sich ausdehnt und uns erfaßt.

Dies sind allerdings nur Beschreibungen einer möglichen Wahrnehmung, die mit Worten kaum zu beschreiben ist. Es könnte sein, daß Sie ganz andere Wahrnehmungen haben oder diese Wahrnehmungen anders beschreiben würden. Seien Sie also wachsam, und finden Sie den Zugang zu Ihrer eigenen Wahrnehmung.

Trauen Sie sich diese eigene Wahrnehmung zu!

Die spirituelle Kraft bildet eine Einheit mit dem *Selbst* und dem allumfassenden Sein, das man Gott nennt. Diese drei Zustände entstammen den Bewußtseinsbereichen außerhalb von Raum und Zeit, den Bereichen des reinen unbegrenzten Seins. Deshalb kann man diese drei Aspekte ein und desselben Bewußtseins auch nicht mit den Konzepten des Verstandes erklären.

Gott, die spirituelle Kraft und das *Selbst* sind nicht dasselbe; sie sind aber auch nicht wirklich verschieden voneinander. Man könnte diese drei Zustände als verschiedene Aspekte eines gemeinsamen übergeordneten Bewußtseins beschreiben.

Die spirituelle Kraft oder göttliche Energie zeigt sich in den Welten von Raum und Zeit in unterschiedlichen Formen.

Die wichtigste Ausdrucksform dieser Kraft ist die *Liebe*. Genauer gesagt: die spirituelle Kraft *ist Liebe*. Diese *Liebe* an sich drückt sich in den verschiedenen Bewußtseinsebenen entsprechend umgestaltet in verschiedenen Aspekten der *Liebe* aus.

Im physischen Bereich zeigt sich diese spirituelle Kraft als sexuelle Liebe. Im Astralbereich findet die Spiritkraft Ausdruck als emotionale Liebe; dies ist auch die Fähigkeit, anderem Leben Zuneigung und Gefühle entgegenzubringen. Und auch im Verstandesbereich nimmt die Gottkraft Form an: *Philosophie* bedeutet übersetzt »Liebe für die Weisheit«.

Wenn wir diese Ausdrucksformen kennen, haben wir den Schlüssel für das Verständnis dieses göttlichen Aspektes in der Hand.

Jeder kann die spirituelle Kraft – die reine Liebe – erkennen und mit ihr arbeiten. Jeder kann sie erzeugen; denn jeder ist *Selbst*. Und *Selbst* ist von gleicher Substanz wie *Liebe*. Beides sind zwei Aspekte des gleichen Bewußtseins.

Die spirituelle Kraft ist die Lebenskraft der Universen, die Energie, die die Welten zuammenhält und den Lebewesen das Leben ermöglicht. Diese spirituelle Kraft *Ist* Leben. *Liebe ist Leben*. Die Realisation des *Selbst* ist gleichzeitig eine Realisation der spirituellen Kraft – der *Liebe*.

Der Zugang zu dieser Lebenskraft führt uns schließlich zum *Selbst*. Deshalb ist die Erzeugung und Anwendung der Liebe – der reinen spirituellen Liebe und nicht einer ihrer Ausdrucksformen – eine Methode zur Wahrnehmung und Entwicklung des *Selbst*.

Noch einmal: verwechseln Sie die reine spirituelle Kraft, die wir hier etwas mißverständlich *Liebe* nennen, nicht mit ihren Ausdrucksformen.

Körperliche sexuelle Liebe, gefühlsmäßige persönliche Liebe und die mentale Form der Liebe sind ebenso wie die verschiedenen Körper Instrumente des *Selbst*, deren harmonische Anwendung dem *Selbst* den notwendigen Raum für seine Entfaltung geben kann. Die Instrumente selbst können allerdings diese Entfaltung nicht herbeiführen; dies geschieht allein durch die spirituelle Kraft *Selbst*.

Wie wir diese Kraft erzeugen, wie wir mit ihr umgehen können und welche Wirkungen sie hat, werden wir wieder mit Hilfe von praktischen Übungen kennenlernen.

Wenn sich bei der oben beschriebenen Imaginations-Technik eine Wahrnehmung einstellt, sei es in Form eines Bildes, eines Klanges oder eines Gefühls, handelt es sich immer um einen Ausdruck der spirituellen Kraft.

Sie können die Wahrnehmungsfähigkeit für diese Kraft entwickeln, indem Sie diese Kraft bewußt erzeugen und anwenden. Anwenden heißt, diese Kraft weitergeben, sie fließen zu lassen, sie nicht für sich behalten zu wollen.

Die Erzeugung der spirituellen Kraft unterliegt in den Welten von Raum und Zeit dem Prinzip der Dualität; die Erzeugung der spirituellen Kraft wird erst durch das Zusammenwirken von *zwei* Schritten möglich.

Diese Schritte sind: *Geben* und *Nehmen*. Und zwar in dieser Reihenfolge! Durch das Geben von Liebe wird das Empfangen von Liebe möglich. Es entsteht ein Energiefluß, den wir schon als den kreativen Fluß kennengelernt haben. Erst durch den ungehinderten Fluß der spirituellen Kraft wird das *Selbst* befähigt, sich *Selbst* vollständig zu realisieren. Realisieren bedeutet Durchleben von Erfahrungssituationen innerhalb unserer vertrauten, eigens zu diesem Zweck geschaffenen Welten. *Realisieren bedeutet Leben.*

Beobachten Sie Menschen, deren Energiefluß – deren Lebenskraft oder Liebesfähigkeit – eingeschränkt ist.

Sie werden den Unterschied schon im Äußeren bemerken. Aber auch die innere Ausstrahlung dieser Menschen wird Ihnen sofort zeigen, daß hier die Lebenskraft nur begrenzt zum Ausdruck gelangt. Dies zeigt sich in einem Mangel an Leben, z.B. in schlechter Gesundheit, fehlender Lebensfreude, Ärger, Ängsten, starren Denkgewohnheiten, festen Meinungen, Intoleranz und mangelnder Kreativität.

Wenn Sie den Fluß der spirituellen Energie erzeugen können und sich diesem Fluß dann auch anvertrauen und sich von ihm tragen und führen lassen, werden Sie sich fast automatisch von den genannten negativen Aspekten lösen. Ihre Aufmerksamkeit wird sich unaufhaltsam auf die positiven Aspekte des Lebens richten und sie in Ihrem Leben zum Ausdruck bringen. Sie bewegen sich vom negativen Pol zum positiven Pol des Lebens. Die spirituelle Kraft – Lebenskraft, kreativer Fluß, *Liebe* – gibt Ihnen *Leben*. Ihre *Überlebensfähigkeit* wächst; bis zur sicheren Erkenntnis der *Unsterblichkeit* des *Selbst*.

Es ist eigentlich nicht richtig, von einer Reihenfolge beim Geben und Nehmen zu sprechen; denn der kreative Fluß ist ein Fluß ohne Anfang und Ende. Geben und Empfangen geschehen im selben Augenblick. Um diesen Augenblick zu erzeugen, bedienen wir uns eines kleinen Tricks – wie jede der hier genannten spirituellen Übungen eigentlich Tricks sind, die nur dazu dienen, es dem Verstand leichter zu machen, die ungeheuerliche Tatsache der Existenz eines *Selbst* zu erkennen.

Der Trick liegt in der Imagination des Gebens. Dadurch wird der kreative Fluß in Bewegung gesetzt. Genauer gesagt: dadurch wird das *Selbst* unmittelbar berührt; denn das *Selbst* ist ein Seinszustand der Hingabe an den Moment. Diese Hingabe führt zum unmittelbaren Eintreten der spirituellen Kraft in unser Bewußtsein.

> »Geben Sie spirituelle Kraft. Geben Sie *Liebe*. Machen Sie sich ein Programm für z.B. einen Tag. An diesem Tag bringen Sie Ihren Mitmenschen und jeder anderen Lebensform *Liebe* entgegen.«

Und noch einmal: verwechseln Sie die *Liebe*, von der wir jetzt sprechen, nicht mit den Erscheinungsformen der Liebe. Das könnte sonst zu fatalen Ergebnissen führen.

Liebe geben bedeutet nicht, jeden Menschen *persönlich* zu lieben. Das ist nicht möglich. Es bedeutet auch nicht, jeden Menschen zu mögen. Es gibt Zeitgenossen, die Sie vielleicht nicht leiden können. Das macht nichts; das verhindert keinesfalls den Erfolg dieser Übung!

Entscheidend ist, daß Sie es zunächst für einen kurzen Zeitraum – wobei ein ganzer Tag schon ein sehr langer Zeitraum ist, wie Sie bald feststellen werden – schaffen, den Menschen, die Ihnen begegnen, Toleranz und Verständnis entgegenzubringen. Dies sind Ausdrucksformen einer *unpersönlichen Liebe*. Und diese Unpersönlichkeit der Liebe ist der grundlegende Aspekt der spirituellen Kraft.

Dadurch wird die Kraft, die Sie erzeugen, frei von persönlichen Elementen wie Erwartungsmustern, Wünschen, Ängsten, Beeinflussungen und Begrenzungen. Und da die Liebe gleichbedeutend mit Freiheit im spirituellen Sinne ist, können Liebe und negative Denkmuster nicht im gleichen Moment existieren. Da die spirituelle Kraft eine göttliche Kraft ist, ist sie unbegrenzt. Unbegrenzt auch durch Persönlichkeit. Deshalb also »unpersönlich«.

Versuchen Sie einen Tag lang, diese unpersönliche Liebe, die eine sehr tiefe Liebe zum Leben ist, zu geben. Fühlen Sie Freundlichkeit und guten Willen dem Leben gegenüber; denn Sie wissen, daß jede Lebensform, die Ihnen an diesem Tag begegnet, Ausdruck eines individuellen *Selbst* ist, das sich genau wie Sie auf dem Weg zum göttlichen Ursprung befindet. Und jede Begegnung an diesem Tag wird durch Ihr Bewußtsein verursacht. Erinnern Sie sich an das Gesetz des Karma. Gleichzeitig wird jede Begegnung auch von den anderen Lebewesen durch deren Bewußtsein verursacht; vielleicht gerade deshalb, weil sie mit dem spirituellen Lebensstrom in Berührung kommen wollen, was letztlich das Ziel eines jeden Lebens ist und das Sie jetzt durch diese Übung ermöglichen.

Sie werden dadurch zum Verteiler der göttlichen Energie, zum Mitarbeiter Gottes!

Vielleicht ist Ihnen noch unklar, wie man die Liebe weitergibt. Da *Liebe* nichts Materielles ist, fällt es uns oft schwer, damit konkret umzugehen. Hier kann uns aber wieder die Imagination weiterhelfen, die in Wirklichkeit ein Instrument des kreativen Prozesses ist, eine Art innere Hand, mit der wir die im Inneren vorhandenen Güter weitergeben können.

> »Stellen Sie sich vor, wie Ihr guter Wille, Ihre Toleranz, Ihr Verständnis, kurz: die spirituelle Kraft Ihr Gegenüber sanft und *ohne die Absicht der Beeinflussung* umhüllt. Fühlen Sie die Wärme und Freundlichkeit Ihrer inneren Einstellung. Sie können sich dies als Lichtquelle vorstellen, die aus Ihnen herausströmt und den anderen umhüllt. Halten Sie sämtliche möglichen persönlichen Wünsche aus dieser Imagination heraus, da Sie sonst die Freiheit des anderen beschränken und die spirituelle Kraft nicht fließen kann; denn diese Kraft ist eine Kraft der Freiheit, die nur dort fließen kann, wo Freiheit vorhanden ist und die sich nur in dem Umfang äußern kann, wie Freiheit bereitgehalten wird.«

Noch einmal: Es darf nicht unsere Absicht sein, die Welt, d.h. die Menschen zu verändern; es wird aber dennoch die Folge dieser Freiheit sein.

Sie haben jetzt alles beisammen, um diese Übung durchzuführen. Haben Sie Geduld dabei, denn Geduld ist eine Qualität des *Selbst*. Beobachten Sie sich *Selbst*. Und denken Sie daran, daß alles, was Ihnen geschieht, Ihrem spirituellen Wachstum dient und eine Folge Ihres Bewußtseins ist. Wenn Ihnen das Äußere nicht gefällt, dann ändern Sie Ihr Bewußtsein. Das Äußere muß sich dann zwangsläufig mitverändern. Sie sind bereits dabei, dies zu tun, wenn Sie die Übungen dieses Kapitels anwenden.

5. Kapitel
»Richtig oder falsch«

Eine der Hauptfunktionen des Verstandes ist es, die Situationen und Erfahrungen des Lebens zu bewerten und einzuordnen. Aufgrund der Zweipoligkeit der ausgedrückten Schöpfung kann der Verstand, der als wahrnehmendes Instrument an diese Baumuster des Universums gebunden ist, eine Sache immer nur in Beziehung zu einer anderen erkennen und einordnen. Der Verstand kann niemals eine Sache ohne Bezug – also eine Sache *Selbst* – betrachten.

Um dies anschaulicher zu machen, können Sie die folgende kleine Beobachtungsübung machen:

Betrachten Sie eine Münze. Die Münze hat zwei Seiten. Können Sie diese zwei Seiten neutral betrachten? Es wird Ihnen auffallen – oder vielleicht auch nicht, weil es schon so selbstverständlich ist –, daß der Verstand die Seiten bewertet. Er ordnet die eine Seite als Vorderseite und die andere als Rückseite ein. Sie werden vielleicht sagen, daß sich dies zwangsläufig aus der Funktion der Münze ergibt. Sie werden vielleicht viele Gründe finden, warum das völlig normal ist. Es ist auch völlig normal, aber nur für den Verstand. Für die Münze ist das vielleicht gar nicht normal.

Sie sehen hieran eine für unser spirituelles Wachstum sehr bedeutende Konsequenz der Funktionen des Verstandes: Die Werte verselbständigen sich, und im gleichen Maße tritt eine Identifikation mit diesen Werten auf, die schließlich dazu führt, daß wir Dinge als selbstverständlich betrachten und nicht mehr in der Lage sind, diese »selbstverständlichen« Dinge losgelöst in ihrem eigentlichen Seinszustand wahrzunehmen. Unser gesamtes Kritikvermögen läuft dadurch ins Leere, da das, was vielleicht einer kritischen Betrachtung unterzogen werden müßte, gar nicht erst wahrgenommen wird.

Die für das spirituelle Erkennen so grundlegende Fähigkeit des Verstandes, die inneren Zustände auszudrücken und sie über die Beurteilung wahrzunehmen, wird dadurch gleichzeitig für uns zu dem größten Hindernis und zu der größten Herausforderung auf unserem Weg zum *Selbst*.

Der Verstand zeigt damit selbst eine duale Eigenschaft: Er ist doppeldeutig in dem Sinne, daß er unserem Bewußtsein nutzt und es gleichzeitig auch behindert. Die Kunst des *Selbst* liegt in der Balance dieser beiden Aspekte. Die Kunst des *Selbst* liegt in der Balance sämtlicher ausgedrückter Aspekte des Seins.

Diese Eigenschaft des Verstandes entscheidet auch maßgeblich über unser eigenes *Selbstbild*.

Solange wir uns mit den gewohnten Sinnen – und das ist hauptsächlich der Verstand – betrachten, werden wir nicht in der Lage sein, uns *Selbst* als das, was wir wirklich sind, zu erkennen; denn dieses *Selbst* steht außerhalb sämtlicher mentaler Wertesysteme. *Es ist* der Wert *an sich*.

Das *Selbst* drückt sich lediglich über die Mittel der Dualität aus, so daß der Verstand dann die Ausdrucksformen des *Selbst* erkennen und einordnen kann; jedoch niemals das *Selbst* selbst.

Der Verstand, der davon nichts weiß, beginnt die Dinge, die in seinen Wahrnehmungsbereich treten, miteinander in Bezug zu setzen, also aneinander zu messen und zu beurteilen. Es bilden sich dadurch eigene Wertmaßstäbe, die sich verselbständigen und mit dem *Selbst* keine Verbindung mehr haben. Die Notwendigkeit des Verstandes, jedem Ding seinen Platz auf der Skala der Polarität zu geben, führt zu einer Loslösung von der eigentlichen Quelle des Seins. Hierin liegt der Grund dafür, daß sich die meisten Menschen mit dem Verstand identifizieren und damit auch mit den Mustern und Wertmaßstäben des Verstandes, die nie an dem ureigenen *Selbst* ausgerichtet sein können, sondern immer nur an dem Vergleich mit anderen ausgedrückten Bewußtseinszuständen.

Dies ist der Grund für die Entwicklung gesellschaftlicher und sozialer Muster und konformer Verhaltensweisen.

Dies ist der Grund für die Entwicklung von Wertmaßstäben, wie z.B. *positiv* und *negativ* oder *richtig* und *falsch*.

Woher weiß man nun, was für einen *Selbst* richtig oder falsch ist? Wissen Sie, ob es richtig ist, dieses Buch zu lesen? Wie können wir mit diesen Werten umgehen?

Für das *Selbst* gibt es weder richtig noch falsch, da jede Erfahrungssituation ein Bestandteil der Schulung des *Selbst* und damit »richtig« an sich ist. Haben wir eine bestimmte Erfahrung wirklich gemacht und abgeschlossen, wird sich die entsprechende Situation für uns nicht mehr manifestieren, so daß sich die Frage nach dem Richtig und Falsch in diesem besonderen Fall für *uns* nicht mehr stellt.

Dennoch leben wir mit der Notwendigkeit – aber auch mit dem Riesen-Vergnügen –, ständige Entscheidungen treffen zu müssen. Dazu brauchen wir den Verstand! Beachten Sie den Wortsinn. *Wir gebrauchen* das Instrument Verstand – nicht umgekehrt! Eine Entscheidung ist eine Änderung des Bewußtseinszustandes. Wir als *Selbst* treffen eine Entscheidung und drücken diese Änderung des Bewußtseins über den Verstand aus.

Sie werden nun wissen wollen, nach welchem Maßstab wir als *Selbst* die Entscheidungen treffen können.

Versuchen Sie diese Frage erst selbst zu beantworten, bevor Sie weiterlesen, und beobachten Sie sich dazu *Selbst* in einer eigenen Auswahl- oder Entscheidungssituation. Wonach treffen *Sie* Ihre Wahl?

Haben Sie die Übung wirklich gemacht?

Diese Übung ist sehr wichtig; denn sie hilft Ihnen, einen eigenen Maßstab zu entwickeln und sich dadurch unabhängig zu machen (auch von diesem Buch!). Sie gewinnen damit die Möglichkeit, die vom Verstand angenommenen fremden Werte zu überprüfen und zu entscheiden, welche dieser Werte für Sie in Ordnung sind und welche nicht. Aber: Reißen Sie keine Wände ein, ohne vorher zu prüfen, ob die Wände nicht zu Ihrem Wohnzimmer gehört.

Wenn Sie diese Übung wirklich machen, werden Sie merken, daß jeder Entscheidung und jeder Auswahl ein Maßstab zugrunde liegt. Ist es ein fremder oder ist es *Ihr* eigener Maßstab? Sind Sie bei der Wahl Verstand oder Sie *Selbst?*

Der Maßstab, von dem wir hier sprechen, ist leider nicht sinnvoll zu beschreiben; denn er ist eigentlich kein Maßstab im üblichen Sinne, weil es nur einen einzigen Menschen in diesem Universum gibt, für den dieser Maßstab gilt: das sind *Sie Selbst!*

Maßstab für das *Selbst* ist allein die Frage: ist das, was ich tue, denke und fühle, dazu geeignet, mich als *Selbst* der spirituellen Kraft zu öffnen und den kreativen Fluß in Bewegung zu setzen?

Positiv und richtig ist in diesem Sinne alles, was uns als *Selbst* öffnet und erweitert.

Negativ und falsch ist demnach alles, was unser Bewußtsein verschließt und begrenzt.

Dies ist eine Beschreibung, die erst dann Wert erhält, wenn Sie sie mit Erfahrungen ausfüllen. Denken Sie daran, daß es allein *Ihr* Maßstab ist und niemand sonst Ihre Werte und Entscheidungen in allen Einzelheiten teilen kann.

Wir erleben hier wieder die Mehrdeutigkeit der verstandesmäßigen Beurteilung. Was zu einem bestimmten Zeitpunkt für den einen positiv ist, kann für einen anderen negativ sein und umgekehrt.

Sie werden feststellen, daß Sie andere niemals wirklich einschränken oder verletzen werden, wenn Sie Ihre Schritte nach diesem Maßstab auswählen; denn Sie befinden sich am positiven Pol der Polaritätsskala und sind zu einen Kanal der kreativen und bewußtseinsöffnenden Kraft geworden.

Eine Übung zum Abschluß: Stellen Sie sich eine Münze mit nur einer Seite vor!

6. Kapitel
»Der spirituelle Meister«

Haben Sie sich beim Durchlesen dieses Buches nicht schon manchmal gefragt: »Warum bin ich nicht selbst darauf gekommen?«

Warum sind Sie es eigentlich nicht? Wären Sie früher oder später von alleine darauf gekommen? Was meinen Sie? Erlangen wir alle früher oder später die vollkommene Selbstrealisation von ganz alleine?

Oder brauchen wir dazu einen Lehrer? Was ist überhaupt ein spiritueller Meister?

Es gibt in Japan ein Brettspiel, das dort wohl in jeder Familie zu finden ist, wie bei uns vielleicht »Mensch Ärgere Dich Nicht« oder »Schach«. Dieses Spiel ist das Go-Spiel. Es ist in seiner Struktur ein erstaunliches Abbild unseres Bewußtseins. Es hat einige wenige, sehr einfache Regeln, aber dadurch auch eine unendliche Fülle an Möglichkeiten, den Spielverlauf zu gestalten. Bei diesem Spiel geht es für zwei Spieler um die Eroberung eines möglichst großen Gebietes auf dem Spielbrett, wobei die verwendeten Spielsteine die Grenzen des Gebietes bilden. Jeder Stein hat die gleiche Wertigkeit, aber auf dem Spielbrett entfaltet er eine Fülle von unterschiedlichen Wirkungen. Die Kunst dieses Spiels ist es, die vollkommene Balance zwischen den Steinen (dem Ausdruck des *Selbst*) und dem Brett (dem Raum) zu finden. Es lohnt sich wirklich, dieses Spiel kennenzulernen; denn es hilft, einige verborgene Fähigkeiten zu entwickeln und den kreativen Fluß in Bewegung zu bringen.

Vielleicht haben Sie Lust bekommen, dieses Spiel zu erlernen. Was werden Sie tun! Ein Lehrbuch kaufen? Unterricht nehmen? Warum versuchen Sie es nicht einmal alleine?

Sie würden vielleicht sagen, »das könnte ich, aber es ist nicht gerade sinnvoll«; damit hätten Sie den Nagel auf den Kopf getroffen. Natürlich kann man es alleine! Irgend jemand konnte es ja auch einmal alleine, sonst wäre dieses Spiel nicht entstanden; nur Sie dürfen nicht vergessen, daß sich dieses Spiel über Jahrhunderte hinweg entwickelt hat und tausende von Menschen daran beteiligt waren. Sie müssen also viel Zeit mitbringen, wenn Sie es allein versuchen wollen.

Natürlich würden Sie das nie versuchen; denn es widerspricht dem gesunden Menschenverstand (der häufig mit dem »Verstand« gar nichts mehr zu tun hat). Jeder vernünftige Mensch würde sich ein Lehrbuch kaufen oder sich von einem erfahrenen Go-Spieler unterrichten lassen, um die Kunst des Go zu erlernen.

Gibt es gegen diese Methode Einwände? Es könnte doch sein, daß Sie an einen falschen Lehrer geraten. Oder an einen schlechten. Was meinen Sie dazu?

Natürlich, Sie würden es früher oder später merken und sich dann den richtigen Lehrer suchen. Aber hätten Sie denn keine Angst davor, eine zeitlang einem falschen Lehrer aufzusitzen?

In so einer unwichtigen Sache wie dem Go-Spiel nicht!? Und wie ist es bei den wichtigeren Dingen? Da würden Sie sorgfältiger prüfen?

Aber wie würden Sie einen Go-Lehrer auswählen, wenn Sie das Go-Spiel noch gar nicht kennen? Wie würden Sie in einer »wichtigeren« Sache (woher kommt diese Wertung?) die Qualität eines Lehrers beurteilen können, wenn Sie diese wichtigere Sache doch erst erlernen wollen, sie also noch gar nicht kennen? Wäre es nicht doch besser, es allein zu versuchen? Das aber ist, wie wir oben schon festgestellt haben, nicht gerade vernünftig.

Sie sehen, der Verstand läuft auf Hochtouren, aber wir sind noch keinen Schritt weiter.

Wo liegt die Lösung dieses Dilemmas? Wo liegt eigentlich genau das Problem?

Wir haben das sichere Gefühl, daß die Unterrichtung durch einen Lehrer schon der richtige Weg ist, aber wir haben Angst davor, uns jemandem anzuvertrauen, von dem wir nicht wissen, ob er dieses Vertrauen verdient, in einer Sache, deren Bedeutung und Tragweite wir noch nicht abschätzen können.

Aber damit sind wir schon einen Schritt weiter. Wir haben nämlich das Problem in zwei Bereiche aufgeteilt:

- Ist ein Lehrer notwendig, oder können wir unseren Weg auch alleine gehen?
- Falls ein Lehrer notwendig ist, wie finden wir den für uns richtigen?

Die erste Frage ist an sich schon beantwortet: Wir können es alleine, aber dies würde derart unserem gesunden Menschenverstand widersprechen, daß wir diese Alternative nicht ernsthaft in Erwägung ziehen.

Unserem gesamten Leben liegt das Lehrer-Schüler-Prinzip wie ein roter Faden zugrunde. Schon oder gerade während unserer Kindheit werden wir ständig einer mehr oder weniger direkten Schulung unterzogen. Wir lernen unsere Fähigkeiten und unsere Ausdrucksmöglichkeiten kennen und bedienen uns dazu einer Fülle von Lehrern: Eltern, Kindergärtner, Schullehrer, Freunde, Bücher und Fernsehen und vielen anderen mehr. Wenn wir etwas gelernt haben, brauchen wir den alten Lehrer nicht mehr, und wir suchen uns automatisch einen neuen.

Wir gehen aus dem Zustand des Schülers heraus und werden für andere zum Lehrer. Wir merken dies oftmals nicht, da dies unseren gängigen Konzepten von Lehrern nicht entspricht. Aber dennoch ist es so. Gleichzeitig werden wir in anderen Bereichen wieder zum Schüler. Hier findet das Prinzip des Gebens und Nehmens einen für jeden erkennbaren Ausdruck.

Auch sogenannte Erwachsene leben nach dem Lehrer-Schüler-Prinzip. Sie ordnen sich mit Vorliebe den (falschen?) Lehrern und Meistern des »normalen« Alltags unter, wie z.B. Politikern, Sportidolen, Vorgesetzten, der öffentlichen Meinung, Fernsehen und Zeitungen und halten sich dabei für mündige, selbständige Bürger und geben diese Art von Mündigkeit und Selbständigkeit ihrerseits als (falsche?) Lehrer an andere weiter. Diese sicher gutgemeinte Erziehung führt zu einer unaufhaltsamen Entwicklung und Verselbständigung von Verstandesmustern und Wertnormen, deren Qualität niemand mehr ernsthaft in Frage stellt, da dieselben Wertmuster einen gar nicht erst auf die Idee kommen lassen, daß hieran etwas nicht in Ordnung sein könnte. Und wenn einige Aufsässige, von denen es in jeder Generation welche geben muß, weil dies eine zwingende Konsequenz der Polarität ist, alte Werte einreißen und eigene Wertvorstellungen errichten, bleiben die Grundmuster gesellschaftlicher Wertabhängigkeit trotzdem immer die gleichen.

Der Rebell ist Wirkung äußerer Umstände und bleibt in seinem Verhalten an die Muster des Verstandes gebunden, solange er sich nicht von der Polarität des menschlichen Bewußtseins lösen kann.

Vielleicht liegt das daran, daß die Menschen – ob bürgerlich-konform oder rebellisch-konform – nicht gelernt haben, die Rolle des Schülers loszulassen.

Aber wie sollen sie das auch lernen? Dies erfordert einen (richtigen?) Lehrer, der es zuläßt, daß seine Schüler selbst zu Lehrern und Meistern werden, wenn sie sämtliche dafür notwendigen Fähigkeiten erlangt haben. Ein falscher Lehrer läßt dies jedoch nicht zu; er tut nur so. Er wird seinen Schülern einreden, daß sie mündig und frei sind, zu einem Zeitpunkt, an dem dies noch lange nicht der Fall ist. Und seine Schüler werden durch die Illusion der Freiheit neue Verstandesmuster, wie Selbstgefälligkeit und Eitelkeit, entwickeln und die wirkliche Freiheit wird in immer unerreichbarere Ferne rücken, wie es der (falsche?) Meister beabsichtigt hat.

Es ist beachtlich, daß viele Suchende in den alltäglichen Bereichen, wo sie sich auf die sogenannten fünf Sinne verlassen können, keine Schwierigkeiten im Umgang mit dem Meisterprinzip haben. Wenn es aber darum geht, die vertrauten Pfade der äußeren Welt zu verlassen, glauben sie, besser ohne einen Lehrer auskommen zu können, obwohl gerade dann, wenn man vertraute Wege verläßt, der Schutz und die Führung eines erfahrenen Lehres am notwendigsten sind.

Haben Sie keine Angst vor dem Meisterprinzip. Aber seien Sie wachsam und kritisch. Es geht immerhin um das Kostbarste, das Sie haben: Sie *Selbst*.

Eine weitere, noch subtilere und kaum zu erkennende Methode, Menschen in Unfreiheit zu binden, welches ein sicheres Merkmal falscher Meister sein dürfte, ist das Aufbauen von *Schuldgefühlen*.

Überall dort, wo Sie Schuldgefühlen begegnen, können Sie sicher sein, daß falsche Meister am Werk sind. Ein Mensch, der sich in der Schuld eines anderen glaubt, wird derart zur *Wirkung*, daß er nicht mehr frei über sein Denken, Fühlen und Handeln bestimmen kann.

Die einzig wirkliche Methode, den Begrenzungen dieses Einflusses zu entgehen, liegt in der Nicht-Annahme des damit verbundenen Bewußtseinszustandes.

Dies ist zugleich aber auch einer der schwierigsten Aufgaben des *Selbst*.

Durch die Annahme eines Schuldgefühls verliert der Betreffende die Balance seiner Gefühle und Gedanken und kann den kreativen Fluß nicht länger aufrechterhalten. Dies erzeugt ein Gefühl der Angst. Die

Faktoren Schuld und Angst sind die wichtigsten Mittel menschlicher Machtausübung in diesem Universum.

Besonders häufig gründet sich religiöse Macht auf Schuldgefühlen. Durch Versprechungen, den kreativen Fluß wieder in Bewegung zu setzen (die Gnade und Ent-»schuldigung« Gottes zu vermitteln), wird der (Leicht-)Gläubige für den Einfluß des falschen Lehrers geöffnet.

Diese Versprechungen werden aber sogleich an Bedingungen geknüpft. Der arme Gläubige wird verpflichet, immer ein »guter« Gläubiger zu sein und bestimmte Aufgaben und Pflichten zu erfüllen; und er darf niemals Fehler machen. Natürlich sind diese Bedingungen nicht erfüllbar; jedenfalls nicht zu diesem Zeitpunkt und nicht unter diesen Umständen. Aber das ist Absicht; denn weil der Betreffende diese Bedingungen nie erfüllen wird, wird er auch nie frei von Schuldgefühlen sein können, womit sich der Kreislauf der Unfreiheit schließt, aus dem der falsche Lehrer seine negative Macht schöpft.

Mit dem Begriff Schuld geht ein anderer Begriff Hand in Hand. Dies ist der Begriff der *Sünde*. Sünde ist nichts anderes als ein mentales Konzept, das aufgrund der Macht, von der wir eben gesprochen haben, den Menschen aufgeprägt *und* von diesen angenommen worden ist. Hinter dem Begriff Sünde verbirgt sich ein vollkommen natürlicher Vorgang: Das *Selbst* verläßt seinen unbewußten, traumartigen Zustand des Seins in Gott und beginnt seine Reise durch die Welten von Raum und Zeit. Das *Selbst* wird dadurch in gewissem Sinne »unrein«, weil es seinen reinen Seinszustand in Gestalt von materiellen Formen und Bildern zum Ausdruck bringt. Da dies aber dazu dient, das *Selbst* zu vervollkommnen, es sich seiner *Selbst* und seiner Herkunft aus dem *Sein an sich*, das wir auch Gott nennen können, vollkommen bewußt zu machen, ist dies ein *positiver* Vorgang.

Bestimmte Gruppen haben im Verlauf unserer kulturellen Entwicklung diese Zusammenhänge verschleiert, indem sie das Konzept der Sünde erfunden haben, um die Menschen von der Erkenntnis des Seins abzuhalten.

Ein Mensch, der sich für einen Sünder hält, nimmt das mentale Konzept an, daß er in den Augen Gottes unwürdig ist und deshalb keine Chance auf Befreiung hat und verhindert dadurch *Selbst* seine spirituelle Entfaltung.

Dies ist eine kindlich, naive Haltung, die dem Bewußtseinszustand des Menschen im Mittelalter entsprochen hat, weshalb diese Vorstellungen auch dort entstehen und von den negativen Kräften ausgenutzt werden konnten.

Aber der Mensch heute ist darüber hinaus! Auch wenn es ihm schwerfällt, dies anzuerkennen und sich von den alten Mustern des Glaubens zu lösen, um den nächsten längst fälligen Schritt zur Wahrnehmung seiner eigenen göttlichen Natur zu machen.

Durch das Konzept der Sünde wird der Mensch gezwungen, sich zu erniedrigen und sich zu verachten. Er schließt dadurch die Tür zu seinem *Selbst* und die spirituelle Kraft kann nicht mehr fließen. Die Lebensenergie nimmt ab, und die Kraft, sich als *Selbst* auszudrücken und zu realisieren, geht langsam verloren.

Die Kreativität des Lebens versiegt. Das Leben versiegt; und der Betreffende wird abhängig von der »Gnade« der Kreativität und des Lebens anderer. Ein Mensch, der diese Zusammenhänge erkannt und realisiert hat, kann sich nicht mehr manipulieren und von negativen Kräften ausnutzen lassen, denn er hat Kontrolle über sein Bewußtsein erlangt und ist zu einem Instrument der positiven göttlichen Kraft geworden.

Das ist alles zum Thema Sünde. Wenn Sie sich einen Gefallen tun wollen, dann vergessen Sie Sünde, es gibt sie nicht.

In der Erziehung – sowohl im Elternhaus, als auch in der Schule – finden sich viele Beispiele für die Erzeugung von Schuldgefühlen zur besseren Disziplinierung der Kinder bzw. der Schüler. Häufig drohen Lehrer damit, persönlich enttäuscht zu sein, wenn der Schüler bestimmte Aufgaben nicht erfüllt. Aber was kann der Schüler dafür, daß der Lehrer enttäuscht ist? Was kann der Schüler für die Erwartungen und emotionalen Bindungen seines Lehrers?

Es ist die Aufgabe eines (richtigen!) Lehrers, dem Schüler die Lernerfahrungen vorzubereiten und ihn dann durch die Erfahrung zu führen, sofern der Schüler es wirklich will. Dies herauszufinden, ist die Herausforderung für jeden (richtigen!) Lehrer, aber auch für jeden (richtigen) Schüler selbst.

Wenn er entdeckt, daß der Schüler für eine Lernerfahrung nicht richtig vorbereitet ist oder diese Erfahrung nicht machen will, wird er nach innen gehen und neue Wege öffnen.

Haben Sie keine Angst davor, Fehler zu machen. Fehler sind wichtige Schritte zum *Selbst.* Ein Fehler ist eine Lernerfahrung, und Sie brauchen nur den Gegenpol zu dieser Erfahrung zu erkennen, um künftig das Richtige zu tun.

Manchmal macht man immer wieder die gleichen Fehler, bis man schließlich daraus lernt. Aber dann waren die Fehler auch notwendig und sinnvoll.

Es kann sein, daß Sie auf Ihrem Weg Fehler machen, die andere verletzen oder einschränken. Haben Sie den Mut, dies zu erkennen und einzugestehen. Haben Sie den Mut, dies dem anderen auch zu sagen. Gleichen Sie aus, wenn Sie die Balance verloren haben – dies ist der eigentliche Sinn des Begriffs »Wiedergutmachung«. Wenn die Balance wiederhergestellt ist, gibt es keine karmischen Restschulden mehr. Schuld sollte deshalb immer durch den Begriff »Schulden« ersetzt werden. Das Gefühl, Schulden zu haben, ist eine Wahrnehmung der fehlenden Balance. Die Wahrnehmung der *fehlenden* Balance könnte der erste Schritt zum Erkennen der *vorhandenen* Balance sein. So kann man aus Fehlern und Mängeln immer etwas Positives machen. Auch dies ist eine Eigenschaft der Kreativität. Ein »Schuldengefühl« ist in diesem Sinne sogar etwas Positives.

Für »Schuld«-Gefühle gibt es dagegen keine »Entschuldigung«. Erlauben Sie sich deshalb, Fehler zu machen, ohne Schuldgefühle zu haben, aber mit der Wahrnehmung für Schulden, die vielleicht entstehen werden und mit dem klaren Bewußtsein der eigenen Verantwortlichkeit.

Wenn Sie irgendwann zu der Überzeugung gelangen, daß es an der Zeit sei, dem richtigen Meister zu begegnen, dann bedenken Sie die Einzigartigkeit Ihres *Selbst*: ebenso einzigartig und individuell muß auch die Schulung durch Ihren Lehrer sein; einzigartig in der Balance zwischen Führen und Loslassen; einzigartig in der Balace zwischen helfender Hand und der vollkommen selbständigen Erfahrung.

Ein wahrer spiritueller Meister wird still zur Seite treten, wenn sein Schüler die Stufe der Meisterschaft *Selbst* erreicht hat. Und er wird alles tun, damit der Schüler diesen Schritt so schnell und so direkt, wie es ihm nur möglich ist, gehen kann.

Gehen muß der Schüler diesen Weg dann allerdings *Selbst.* Niemand kann und braucht ihm das abzunehmen.

Ein wahres und ehrliches Meister-Schüler-Verhältnis wird immer ein wenig unpersönlich sein; denn der Schüler soll nicht in eine persönliche Abhängigkeit geraten.

Jeder halbwegs normale Schüler wird diese persönliche Beziehung aber suchen, weil er dadurch das Bedürfnis nach Anerkennung und Wertschätzung zu befriedigen erhofft. Unbewußt. Natürlich. Aber gerade diese unbewußten Handlungs- und Gefühlsmuster führen uns in Abhängigkeiten und binden uns an die Polarität dieses Universums.

Ein wahrer spiritueller Meister wird dies immer wieder verhindern. Wenn es sein muß, auch durch Trennung im Äußeren. Aber das Äußere ist nur *eine* Ebene der Schulung, und zwar eine sehr begrenzte. Wäre die äußere Beziehung zu einem spirituellen Lehrer für die Schulung notwendig, könnten nur wenige Auserwählte diese Schulung erhalten; denn die Möglichkeiten der Unterweisung im Äußeren sind auch für einen Meister der spirituellen Kraft begrenzt. Für den Verstand ist die äußere Beziehung zu einem Meister eine Brücke zum Verständnis. Wenn diese Brücke überquert ist, führt der Weg weiter in das Innere, in das innere Verhältnis des Meisters zum Noch-Nicht-Meister, und es beginnt die *Innere Schulung*. Dies ist eine Schulung von *Selbst* zu *Selbst* und deshalb keinen Begrenzungen unterworfen. Diese Schulung ist daher für eine unbegrenzte Anzahl Auserwählter offen.

Was ist überhaupt ein Meister?

Ein Meister ist ein Mensch, der Teile seines *Selbst* realisiert hat und diese Erfahrungszustände an andere weitergibt. Der Go-Meister gibt seinen Bewußtseinszustand bezogen auf das Go-Spiel an seine Schüler weiter. Er ist aber nur dann wirklich ein Meister, wenn er seine Schüler auch tatsächlich im Bewußtsein öffnen und auf seine Stufe der Entfaltung anheben kann. Es reicht nicht aus, nur ein guter Go-Spieler zu sein, um lehren zu können.

Wer dies nicht unterscheiden kann, begibt sich in Gefahr, von einem falschen Lehrer enttäuscht zu werden.

Die Fähigkeit, einem Noch-Nicht-Meister im Inneren zu begegnen und ihn in seinem eigenen Tempo zu führen, ist ein wichtiges Merkmal wahrer Meisterschaft; denn sie entsteht erst dann, wenn sich der Lehrer von dem kreativen Fluß ohne jeden Widerstand tragen läßt und sich vollkommen der spirituellen Kraft hingibt.

Ein wahrer spiritueller Meister hat nicht nur *Teile* seines *Selbst*, sondern die *Gesamtheit* des *Selbst* und die Gesamtheit des Seins an sich realisiert und steht vollkommen im bedingungslosen Dienst der spirituellen Kraft.

Gibt es einen solchen Meister überhaupt? Die spirituelle Meisterschaft liegt in jedem von uns verborgen; denn sie ist eine Eigenschaft des *Selbst*. Da alles, was wir in diesem Universum wiederfinden, ein Ausdruck der vielen Eigenschaften des *Selbst* ist, können wir in diesen Welten auch die Ausdrucksform der spirituellen Meisterschaft finden. Auch wenn sich die Form dieses Meisters ändern mag, so geht das Wesen der Meisterschaft in die neue Form über und bleibt dadurch immer erhalten.

Wie findet man einen solchen Meister?

Nun, dies ist ein Übungsbuch! Wir haben bereits Techniken kennengelernt, mit deren Hilfe wir Entscheidungen treffen oder Probleme lösen können. Die Techniken für das Erkennen des jetzt in diesem Moment für Sie richtigen Meisters oder des jetzt für Sie richtigen spirituellen Weges sind im Prinzip die gleichen. Dieses Buch möchte Ihnen keine Empfehlungen geben, sondern Sie dahin führen, daß Sie den für Sie richtigen Weg *Selbst* finden. Gebrauchen Sie Ihren gesunden Menschenverstand und sammeln Sie Informationen über die möglichen spirituellen Wege. Setzen Sie Ursachen im äußeren Alltag. Schauen Sie sich die verschiedenen Wege an. Oder besser: Fühlen Sie hinein, und nehmen Sie mit Hilfe Ihrer Intuition wahr, was dort geschieht.

Prüfen Sie, ob sich Ihr Bewußtsein durch die Begegnung mit einem bestimmten Weg öffnet oder ob da ein Gefühl des Unbehagens übrigbleibt. Vielleicht passiert auch gar nichts. Auch das wäre eine Wahrnehmung Ihres *Selbst*. Wenn dies geschieht, oder Sie sich gar unwohl fühlen, auch wenn das Äußere sehr gut aussieht und die Menschen, die diesen Weg gehen, viele schöne Dinge sagen und sich sehr spirituell benehmen, dann lehnen Sie dieses Gefühl, diese intuitive innere Wahrnehmung, nicht etwa ab. Glauben Sie bitte nicht, daß etwas mit Ihnen nicht stimmt, wenn Sie diesen oder jenen Weg oder Meister nicht so gut finden wie andere oder kein positives Gefühl aufbauen können, obwohl andere um Sie herum begeistert sind und sich vielleicht über Sie wundern. Vermeiden Sie dieses »Sünder«-Gefühl; setzen Sie sich nicht herunter. Vertrauen Sie Ihrer Wahrnehmung, denn um eine solche handelt es sich bei

Ihrem Gefühl. Wenn Sie sich unwohl fühlen, obwohl Sie nicht so recht wissen, warum, dann ist dieser Weg sehr wahrscheinlich nicht *Ihr* Weg und dieser Meister nicht *Ihr* Meister. Wenn Sie sich dagegen wohlfühlen, auch wenn Sie hier ebenfalls vielleicht nicht genau wissen warum, dann könnte es sein, daß Sie nahe dran sind, *Ihren* Weg zu finden.

Lernen Sie, sich auf Ihre Wahrnehmung zu verlassen. Der richtige Weg ist immer nur der richtige Weg für *Sie!*

Und wenn Sie irgendwann einmal an den Punkt kommen, daß auf Ihrem Weg nichts mehr für Sie geschieht und Sie das Gefühl haben, auf der Stelle zu treten, auch wenn Ihr Meister immer noch viel weiter entwickelt zu sein scheint als Sie *Selbst* und es so aussieht, als ob Sie noch viel von diesem Meister lernen könnten, dann nehmen Sie dies trotz allem als Wahrnehmung an. Vielleicht ist dies die Wahrnehmung, daß dieser Weg Sie letztlich nicht weiterbringen wird und es an der Zeit ist, einen neuen Weg zu finden.

Dann lassen Sie einfach das Alte los, und öffnen Sie sich für etwas Neues. Aber bleiben Sie wachsam; nicht alles, was sich dann vor Ihnen auftut, muß das Richtige sein. Halten Sie Ihre Wahrnehmung aufrecht. Wenn Sie das Alte wirklich loslassen und sich innerlich für das Neue bereiterklären, muß sich das Neue früher oder später im Äußeren für Sie manifestieren.

Achten Sie auch auf Ihre Erwartungen. Das Neue sieht manchmal anders aus, als man es erwartet.

Aufgrund des inneren Öffnens kommt der kreative Fluß der spirituellen Kraft wieder in Bewegung und kann die für Sie notwendigen Dinge herantragen. Manchmal bildet sich etwas »nur« im Inneren heraus; vielleicht ist es das Gefühl, beschützt zu sein oder einen Schutzengel zu haben. Dies könnte der erste Schritt nach innen zur Begegnung mit einem inneren Meister sein.

Ein neuer Weg muß nicht immer sofort im Äußeren erkennbar sein. Bevor Sie zu einem Weg im Äußeren gelangen, kann es durchaus sein, daß Sie im Inneren geschult werden.

Achten Sie auf Veränderungen in Ihrem Alltag; denn der Alltag ist der Ort, an dem die spirituelle Schulung stattfindet!

Es gibt Geschichten von Menschen, die jahrelang im Äußeren vergeblich gesucht haben, die aber während dieser Zeit im Inneren das Gefühl hatten, als sei ein Schutzengel an ihrer Seite, ein Wesen, das sie behütet und führt. Manche hatten sogar eine innere Wahrnehmung von diesem Wesen in Form eines Bildes oder eines Gefühls. Manche hatten das Gefühl oder die konkrete Wahrnehmung, daß sie ein Licht umgibt oder ein Ton in ihnen klingt – dies könnte ein einzelner Ton oder der Klang eines ganzen Orchesters sein. Vielleicht war es auch nur ein prickelndes Gefühl in der Rückengegend, wohlig und angenehm. Nach vielen Jahren dieses inneren Erlebens trafen diese Sucher dann einen Menschen im Äußeren und hatten das gleiche Gefühl, die gleiche Wahrnehmung. In einigen Fällen entsprach sogar das innere Bild der äußeren Wirklichkeit! Anhand dieser Wahrnehmung erkannten sie, daß sie den für sie richtigen Weg hier und jetzt gefunden hatten.

Erwarten Sie aber keine Phänomene; denn das *Selbst* äußert sich sanft und still, so daß man es leicht überhören kann.

Zum Abschluß können wir noch eine kleine Imaginationsübung ausprobieren, die Sie vielleicht für eine Woche oder zwei zur täglichen Routine werden lassen können, wenn Sie möchten. Natürlich können Sie diese Übung auch nach Ihren Wünschen abwandeln.

»Nehmen Sie sich zwanzig bis dreißig Minuten Zeit. Suchen Sie sich einen Ort, an dem Sie während der Übung ungestört sind.

Nehmen Sie eine bequeme Stellung ein. Sie können sich auf einen Stuhl setzen oder sich hinlegen. Beim Liegen kann es passieren, daß Sie während der Übung einschlafen. Das macht zwar nichts, ist aber nicht ganz das, was wir erreichen wollen. Vielleicht wählen Sie doch den Stuhl und setzen sich aufrecht, aber bequem hin.

Schließen Sie nun die Augen, und richten Sie Ihre Aufmerksamkeit auf den Punkt zwischen den Augenbrauen, dem »Dritten Auge«, an der Stelle, an der das *Selbst* wahrnimmt.

Atmen Sie ruhig und entspannt. Vielleicht nehmen Sie vorher ein paar tiefe Atemzüge, bis Sie entspannt sind. Das Atmen hat eine Reinigungsfunktion für den Verstand und die Gedanken.

Schauen Sie sanft und ohne Anstrengung auf den Bildschirm Ihres inneren Auges.

Stellen Sie sich vor, in einem halbdunklen Raum zu sitzen. Sie können gerade die Konturen einer Tür unmittelbar vor Ihnen wahrnehmen.

Stellen Sie sich vor, wie durch Ihren Atem der kreative Fluß in Bewegung gesetzt wird und die spirituelle Energie zu fließen beginnt. Sehen Sie diese Energie als Licht, das Sie umwirbelt. Dehnen Sie dieses Licht aus, senden Sie es aus, lassen Sie es nach außen strömen. Lassen Sie es wie eine unsichtbare Hand zur imaginären Tür fließen. Die Tür öffnet sich langsam nach innen und durch den Türspalt fließt mit einem Mal ein Lichtstrom zu Ihnen in den Raum, zu Ihnen in das *Selbst*. Je mehr sich die Tür langsam immer weiter öffnet, desto stärker wird dieses Licht, und Sie können jetzt die Umrisse der Tür in dem gleißenden Licht nur noch schwach wahrnehmen.

Das Licht erfaßt Sie und umhüllt Sie mit einem prickelnden Gefühl, und Sie fühlen, wie sich Ihr Bewußtsein ausdehnt und sich öffnet wie kurz zuvor die Tür zu Ihrem inneren Raum. Das Licht wird spürbar durch ein Gefühl der Wärme und Liebe.

Lassen Sie sich von diesem Lichtstrom einfach erfassen, und genießen Sie das Gefühl des Ausdehnens und Öffnens, das Gefühl der Wärme und Liebe.

Sie merken jetzt, daß der Lichtstrom auch hörbar ist. Sie hören plötzlich einen Ton, ein leichtes Schwingen, das Gefühl einer Melodie. Genießen Sie es! Und lassen Sie sich Zeit dabei!

Das Prickeln und das Gefühl der Losgelöstheit werden immer angenehmer und angenehmer, bis es fast zu viel wird. Dann lassen Sie die Tür sich wieder langsam schließen. Zentimeter für Zentimeter. Das Licht und die Musik werden leiser und zarter, und der Raum wird wieder etwas dämmriger. Es tritt eine unendliche Ruhe ein. Das Gefühl der Erfahrung, dem inneren Meister begegnet zu sein, erfüllt Ihr Bewußtsein. Lassen Sie es ruhig noch einige Minuten nachwirken.

Atmen Sie dann wieder ein paarmal tief durch, und öffnen Sie langsam die Augen.«

Nachdem Sie sich mit dieser Übung in der einen oder anderen Form vertraut gemacht haben, können Sie dazu übergehen, mit dem inneren

Meister zu sprechen. Entweder in Gedanken oder aber auch im Äußeren. Erlauben Sie dem Licht, Gestalt anzunehmen und mit Ihnen ein Gespräch zu beginnen.

Dies ist der Übergang vom Zustand der Wirkung in den Zustand der Ursache. Sie werden jetzt zu einem Instrument der göttlichen Kraft.

7. Kapitel
»Erwartungen«

Wenn Sie möchten, können wir dieses Kapitel gleich mit einer Übung beginnen:

> »Wir wollen wieder versuchen, die Sensibilität für die Selbstbeobachtung zu entwickeln. Nehmen Sie sich 10 Minuten Zeit, und richten Sie sich äußerlich und innerlich wie für die Durchführung der spirituellen Übung des vorangegangenen Kapitels ein. Richten Sie Ihre Aufmerksamkeit nun auf Ihre *Erwartungen*.
>
> Auf die Erwartungen, die Sie vielleicht beim Lesen dieses Buches haben.
>
> Sagen Sie nicht, Sie hätten keine. Wenn dem so wäre, könnten Sie dieses Buch aus der Hand legen; Sie würden es nicht mehr brauchen.
>
> Natürlich haben Sie Erwartungen; beobachten Sie nur sorgfältig. Was erwarten Sie bei der Durchführung dieser spirituellen Techniken?
>
> Was haben Sie erwartet, als Sie angefangen haben, dieses Buch zu lesen?
>
> Beobachten Sie. Versuchen Sie auch, Ihre Wahrnehmung zu konkretisieren. Schreiben Sie sie z.B. auf. Drücken Sie Ihre Wahrnehmung aus; denn durch den Ausdruck kann man sich das Innere stärker bewußt machen – oder besser gesagt: man kann sich dann nicht mehr an der Wahrnehmung des Inneren vorbeimogeln. Seien Sie mutig und selbstehrlich.
>
> Versuchen Sie es jetzt, bevor Sie weiterlesen.«

Woher stammen diese Erwartungen?

Verfolgen Sie die Spur zurück. Waren es Wünsche oder Hoffnungen? Fragen Sie, woher diese Wünsche und Hoffnungen gekommen sind. Was hat Sie veranlaßt, solche Wünsche oder Hoffnungen zu haben?

Sind dies Dinge, die Ihrem ursprünglichen Sein entstammen, oder handelt es sich um angenommene Einflüsse von außen? Woher kommt Ihre Bereitschaft, diese Einflüsse anzunehmen?

Nehmen Sie sich Zeit, und arbeiten Sie diese Fragen richtig durch. Schreiben Sie die Ergebnisse für sich auf.

Jemand, der zu einem Lehrer kommt oder sich ein Lehrbuch zu einem bestimmten Thema kauft, hat zunächst die Erwartung, daß er mit Hilfe dieser Mittel etwas Bestimmtes lernen wird. Jemand, der sich ein Go-Lehrbuch kauft oder Unterricht nimmt, hat sicher die Erwartung, daß er irgendwann das Go-Spiel in einem gewissen Maße beherrschen wird. Vielleicht bestehen auch bestimmte Detailerwartungen, z. B. wie diese Schulung aussehen soll oder in welcher Zeit sich der Erfolg einstellen wird.

Es könnte also sein, daß der betreffende Schüler mit einer bestimmten Erwartung von den Unterrichtsmethoden in den Unterricht kommt und dann aber möglicherweise feststellen muß, daß der Lehrer alles ganz anders macht.

Diese Erwartung wird dadurch enttäuscht. Wenn der Unterricht dennoch gut ist und den gewünschten Erfolg hat, handelt es sich um eine positive Enttäuschung.

Aber was heißt das? Wie geht der Betreffende mit der enttäuschten Erwartung um?

Nachdem er festgestellt hat, daß seine Erwartungen nicht erfüllt werden, vergleicht er das Angebotene mit seinen ursprünglichen Erwartungen. Das fällt ihm relativ leicht, denn er kann den Lehrer und dessen Unterrichtsmethoden mit seinen sogenannten fünf Sinnen wahrnehmen und beurteilen.

Wenn er zu dem Ergebnis kommt, daß seine Haupterwartung, etwas Bestimmtes zu lernen, erfüllt wird, kann er die Detailerwartungen, z. B. die Erwartungen bezüglich der Methode aufgeben.

Dieses Aufgeben geschieht durch einfaches Loslassen der Aufmerksamkeit von den Erwartungen durch das konkrete Tun im Unterricht, durch das Handeln, durch das konkrete In-der-Situation-Sein.

Wenn wir dieses Beispiel auf den Schüler eines spirituellen Weges anwenden, erkennen wir die gleichen Grundmuster. Es bestehen auch hier die Erwartungen, einen bestimmten Bewußtseinszustand zu erlangen und dazu entsprechende Methoden anzuwenden. Außerdem können wir auch hier Erwartungen eines bestimmten Meisterbildes entdecken.

Im Gegensatz zu dem oben genannten Go-Beispiel bestehen hier allerdings eine ganze Reihe von Schwierigkeiten: Erstens weiß der Schüler nicht, wie das Endergebnis aussehen soll.

Beim Go-Spielen ist es einigermaßen einfach, sich vorzustellen, wie man an einem Go-Brett sitzt und Go spielt. Noch einfacher ist es, wenn man Dinge erlernen will, die sich in äußeren Formen, wie z.B. Bewegungen oder Musik ausdrücken lassen. Dann braucht man sich nur die Darstellung durch einen erfahrenen Könner vorzustellen, um zu wissen, wie das Endergebnis einmal aussehen könnte.

Im Beispiel des spirituellen Wachstums und der spirituellen Entfaltung des *Selbst* sind solche konkreten Bilder nicht oder nur kaum wahrnehmbar vorhanden. Wie soll man sich etwas vorstellen, von dem man eigentlich nicht weiß, was es ist und das einem auch niemand praktisch vormachen kann?

Zweitens wird man kaum konkrete Vorstellungen von dem Ablauf dieser Schulung haben. Man mag sich vielleicht vorstellen können, daß ein Meister einen unterrichtet und Dinge vermittelt, die bis dahin unbekannt waren oder geheime, das Bewußtsein verändernde Übungen enthüllt. Aber so richtig konkret vorstellen wird man sich das – wenigstens am Anfang – wohl doch nicht können.

Wie auch? Man hat es ja noch nie erlebt. Jedenfalls noch nicht *bewußt* erlebt.

Bei einem Sportler oder einem Musiker, bei einem Tischler oder einem Maurer können wir die Möglichkeiten und Fähigkeiten deutlich wahrnehmen – mit dem Verstand. Spirituelle Reife ist dagegen mit dem uns so vertrauten Verstand nicht wahrnehmbar. Da wir aber gewohnt sind, unser Leben mit dem Verstand wahrzunehmen und einzuordnen, fühlen wir uns sicher, wenn wir etwas Äußeres erwarten und fühlen uns oft unsicher, wenn es darum geht, innere Realitäten zu erkennen, für die wir keine konkreten Erwartungsbilder zur Verfügung haben.

Der Grund dafür liegt darin, daß wir den Zugang zu den inneren Welten und die Fähigkeit der konkreten Wahrnehmung in diesen Welten noch nicht gefunden haben. Unsere Erwartungsbilder sind deshalb in diesen inneren Bereichen sehr ungenau und zum Teil mystifiziert, obwohl dazu keine Notwendigkeit besteht.

Welche Folgen hat das nun, wenn unsere Erwartungen in diesen inneren Erfahrungsbereichen enttäuscht werden? Können wir dann auch so leicht umschalten und uns den Gegebenheiten angleichen, wie dies auf der äußeren Erfahrungsebene auf natürliche Weise geschieht?

Können wir hier unsere Erwartungen ebenso leicht loslassen?

Um die Erwartungen so zu handhaben, muß man eines können: man muß erkennen können, daß die innere Schulung, so wie sie stattfindet – auch wenn sie völlig anders aussieht, als man es erwartet hat – gleichwohl zu dem gewünschten Erfolg führt. Man muß die Qualität der Schulung und den Erfolg an sich *Selbst* erkennen können.

Wenn wir den *Erfolg* – das ist die Veränderung unseres Bewußtseins im positiven Sinne – erkennen können, können wir auch die Qualität der Schulung erkennen. Deshalb ist das Üben der Selbstbeobachtung so wichtig.

Wenn wir umgekehrt unsere Veränderung nicht wahrnehmen, werden wir auch die Qualität der Schulung nicht erkennen und unsere Erwartungen nicht loslassen können. Wir bleiben dann an unsere – sehr wahrscheinlich falschen – Erwartungen gebunden.

Dies hat folgende Konsequenz: wir werden die tatsächlich erfolgende Schulung mit den Erwartungsmustern unseres Verstandes vergleichen und immer dann, wenn wir Abweichungen feststellen, eine negative Beurteilung abgeben, die zu einer Ablehnung der angebotenen Schulung und der eintretenden Erfahrungssituationen führt. Diese Ablehnung erfolgt unbewußt in Form des Nicht-Wahrnehmens. Dieser Vorgang ist eine Variante der sogenannten selektiven Wahrnehmung, d. h. der psychologischen Erkenntnis, daß man immer nur das wahrnimmt, was man wahrnehmen »will« oder genauer gesagt, was in Übereinstimmung mit unserem jeweiligen Bewußtseinszustand ist.

Die Konsequenz ist: wir nehmen das, was wirklich für uns geschieht, nicht wahr. Wir nehmen unsere eigene Entfaltung nicht wahr. Wir kommen schließlich an den Punkt, daß wir glauben, einen falschen Weg zu gehen! In Wirklichkeit übersehen wir nur die spirituellen Erfahrungen, die tatsächlich eingetreten sind. Der Grund hierfür sind unsere Erwartungen!

Die folgenden Beispiele veranschaulichen, wie Menschen, die auf der Suche nach spirituellen Erfahrungen sind, die tatsächlich eintretenden Erfahrungszustände auf Grund ihrer Erwartungen nicht erkennen.

Wir haben oben gesehen, daß die spirituelle Kraft u.a. als Licht und Ton wahrnehmbar ist. Nichts ist mißverständlicher, nichts vermag mehr falsche Erwartungen zu wecken, als diese allgemeine und relativ unkonkrete Aussage.

Ein Schüler, der diese spirituellen Techniken anwendete, meinte einmal, daß er keinen Ton hören konnte. Dieser Schüler war ein ausgebildeter Musiker, und es war verwunderlich, daß ein Musiker keinen Ton im Inneren hören könnte. Er wurde deshalb gefragt, ob er denn noch nie Melodien im Inneren gehört habe. Der Betreffende antwortete, daß er natürlich (!) den Kopf voller *Melodien* hätte – aber einen *Ton* würde er nicht hören!?

Was war geschehen? Dieser Schüler hatte sich durch seine eigenen Erwartungen an dem Erkennen spiritueller Kraft in seinem Leben gehindert. Wer wie dieser Sucher eine ganz bestimmte Erwartung von einer spirituellen Wahrnehmung hat, wird die tatsächlich eintretende Erfahrung dann einfach nicht wahrnehmen. Aber die Erfahrung *ist hier!* Stellen Sie sich vor, ein Licht zu sehen. Was sehen Sie? Vielleicht sehen Sie nichts außer einer hellen Fläche vor Ihrem geistigen Auge. Sie sehen also kein Licht! Meinen Sie!

Stellen Sie sich eine dunkle Fläche vor, und vor dieser dunklen Fläche hebt sich ein kleiner Lichtschein ab, wie der einer Kerze. Jetzt sehen Sie das Licht! Gehen Sie mit Ihrer Wahrnehmung näher an dieses Licht heran. Das Licht wird größer und größer, und das Dunkel nimmt langsam ab und wird immer geringer, bis das Dunkel verschwunden ist und Sie nur noch eine *helle Fläche* vor Ihrem geistigen Auge sehen!

Das ist das Licht, das Sie vorher nicht wahrgenommen haben! Oder genauer gesagt: das Sie wahrgenommen, aber als Erfahrung nicht erkannt und angenommen haben.

Was würden Sie erwarten, wenn Ihnen jemand bestimmte Übungen nennt, mit deren Hilfe Sie angeblich in der Lage sein sollen, einen spürbaren Kontakt zur spirituellen Kraft oder zu einem inneren Lehrer herzustellen? Seien Sie ehrlich zu sich *Selbst*. Was würden Sie bei der Anwendung dieser Übung erwarten?

Viele Schüler erwarten phänomenale Erfahrungen, wie z.B. die Erscheinung eines Lichtwesens, das mit Pauken und Trompeten oder Engelschören begleitet, ihm, dem auserwählten Sucher nun weise Worte zuflüstert und Dinge mitteilt, die er noch nie gehört hat und die bisher im Verborgenen für »normale« Ohren geheimgehalten worden waren.

Das klingt nicht sehr überzeugend, oder? Aber viele erwarten solche Erfahrungen. Woher kommen solche Erwartungsmuster?

Natürlich kann eine spirituelle Erfahrung so auch aussehen, aber es ist nicht sehr wahrscheinlich. Und wenn jemand solche Erfahrungen macht, dann hat das etwas mit seinem individuellen Bewußtseinszustand zu tun, der gerade diese Art der *Bilder* zuläßt, um bestimmte Inhalte zu vermitteln.

Es kommt aber nicht auf die Bilder an, sondern auf deren *Inhalte*. Und diese Inhalte können immer nur in den Bildern oder Gefühlen vermittelt werden, die der Verstand des Betreffenden zuläßt.

Es gibt eine unbegrenzte Fülle solcher Ausdrucksformen für Erfahrungsinhalte. Jede ist individuell und einzigartig. Finden Sie Ihre, und akzeptieren Sie sie, ohne sich andere zum Maßstab zu nehmen und ohne sich an anderen zu messen. Auf diese Weise werden Sie Ihren *eigenen* Maßstab entwickeln.

Wie wir gesehen haben, ist jede Sekunde des Lebens – auch die normale Alltagssekunde – eine spirituelle Erfahrung. Kontrollieren Sie deshalb regelmäßig Ihre Erwartungen, und prüfen Sie, wie Sie im Alltag oder während der Zeit Ihrer spirituellen Übungen auf das reagieren, was sich als Erfahrung einstellt.

Eine spirituelle Schulung führt immer zu einer Erweiterung des Bewußtseins, zu einem Öffnen und Ausdehnen, das das Aufnehmen einer Erfahrung ermöglicht.

Was aber ist eine *Erfahrung?*

Wann wird ein Erlebnis zu einer Erfahrung? Schon dadurch, daß man etwas Anhebendes liest oder weise Worte aus dem Mund eines Meisters hört?

Wohl nicht, denn dies ist lediglich ein äußerer Vorgang. Erst durch die Umsetzung des äußeren Erlebens in das Innere fließt der Erlebnisinhalt der äußeren Situation in das Bewußtsein und füllt es mit der Erfahrung an. Erlebnisinhalt ist gleichbedeutend mit spiritueller Energie. Erfahrung bedeutet deshalb Veränderung des Energiezustandes des Bewußtseins. Dieses Umsetzen von außen nach innen geschieht durch das Sichöffnen für die Erfahrung, für das, was hinter den geschriebenen oder gesprochenen Worten verborgen ist, für das Bewußtsein, aus dem diese Äußerungen hervorgegangen sind.

Indem man die Aufmerksamkeit auf den Bewußtseinszustand lenkt, der hinter einer äußeren Ausdrucksform verborgen ist, läßt man den kreativen Fluß im eigenen Bewußtsein zu. Dadurch entsteht Kommunikation. Durch diese Kommunikation wird die äußere Form der Erfahrung in seine spirituelle Energie umgewandelt, die jetzt in das geöffnete Bewußtsein eintritt und es mit der Erfahrung an sich, dem Wesen der Erfahrung erfüllt: mit spiritueller Energie. Mit *Liebe*.

Dadurch wird das Bewußtsein erweitert.

Das ausgedrückte Wort ist nur ein Symbol für die Kraft, die dadurch Form annimmt. Wenn wir über das Symbol kontemplieren, wird die Kraft in dem Symbol frei und kann uns anheben und erweitern.

Sie sehen, daß sich diese spirituelle Energie nicht unbedingt in phänomenalen Ereignissen auszudrücken braucht. Es können sogenannten Kleinigkeiten sein, die die Fülle einer Erfahrung mitsichtragen, die die kreative Kraft des Lebens vermitteln.

Deshalb ist es so wichtig, auch die kleinen Dinge des Lebens mit größtem Interesse und größter Wachsamkeit zu beachten.

Jede spirituelle Erfahrung kann nur dann eintreten, wenn wir es zulassen. Dieses Zulassen geschieht erst dann, wenn wir unsere Erwartungen loslassen.

Die bisher beschriebenen Übungen weisen bestimmte Bildinhalte auf, und man könnte einwenden, daß dadurch ja auch wieder Erwartungen geweckt werden. Das ist richtig!

Wir bewegen uns hier in einem schon bekannten Dilemma. Wie sollen wir uns etwas vorstellen, das wir gar nicht kennen? Mit Hilfe der Vorstellungskraft sollen wir dieses Etwas aber kennenlernen! Wir sollen keine Erwartungen haben, aber gleichzeitig benutzen wir Bildtechniken, um unser Bewußtsein zu öffnen; wir schaffen also gewissermaßen Erwartungen für spirituelle Erfahrungen, die wir nur machen können, wenn wir unsere Erwartungen loslassen.

Dies scheint kompliziert zu sein, ist es aber nicht: Die Imagination dient uns als Schlüssel für die innere Tür zum *Selbst*; durch die geöffnete innere Tür kann die kreative Kraft fließen und uns die Erfahrung herantragen, die wir machen können, um uns spirituell zu entfalten. Wir können durch diese Tür aber nur hindurchgehen, wenn wir den Schlüssel, der uns die Tür geöffnet hat, wieder loslassen. Festhalten oder mitnehmen können wir diesen Schlüssel nicht, denn er paßt nur zu *dieser* Tür und nicht zu den anderen, die noch folgen werden.

Das Gebrauchen eines Bildes wird erst dann zu einer Erwartung, wenn wir uns daran binden.

Erwartungen werden häufig dann verursacht, wenn man über seine spirituellen Erfahrungen mit anderen spricht. Da man die Erfahrung als solche kaum mit der üblichen Sprache vermitteln kann, wird man sich bestimmter Bilder bedienen, die die Erfahrung veranschaulichen, sie aber niemals wirklich beschreiben können. Nimmt der Zuhörer diese Bilder auf, entstehen häufig Erwartungen, die ihn nun sehr wahrscheinlich daran hindern werden, seine eigenen individuellen Erfahrungen wahrzunehmen. Er nimmt damit einen Maßstab an, der für ihn *Selbst* keine Gültigkeit hat.

Es ist deshalb ratsam, über eigene Erfahrungen nur mit großem Unterscheidungsvermögen zu sprechen und immer dann, wenn andere ihre Erfahrungen mitteilen, auf das Entstehen von eigenen Erwartungen besonders zu achten, d.h. auch mit besonderem Unterscheidungsvermögen hinzuhören.

Jede Erfahrung ist eine spirituelle Erfahrung! Allerdings immer nur für den, der sie macht!

Haben Sie Geduld, und lassen Sie sich Zeit dafür.

8. Kapitel
»Geben und Nehmen«

Eigentlich können wir uns in diesem Kapitel sehr kurz fassen, da wir die wichtigsten Grundprinzipien des Gebens und Nehmens schon kennengelernt haben: das Gesetz der Polarität und das Gesetz des Karma. Aufgrund der dualen Struktur unseres Universums kann der eine Pol nur existieren, weil der andere Pol existiert und umgekehrt.

Welcher Pol war zuerst da, und wer hat die Polarität geschaffen? Dies sind Fragen, die den Verstand zum Verzweifeln bringen, da die Antworten nicht mehr dem dualen Bezugssystem des Verstandes angehören. Dennoch liegen diese Antworten auf der Hand, wenn man sich die spirituellen Prinzipien bewußt macht.

Die Polarität führt dazu, daß jedes Geben ein Nehmen erfordert und jedes Nehmen ein Geben. Dies mag einleuchten, aber dennoch gibt es unzählige Menschen, die darauf hoffen, etwas zu erhalten, ohne etwas dafür zu geben.

Der gesellschaftlich übliche und von niemandem in Zweifel gezogene wöchentliche Lottoschein oder jede andere Art von Glücksspiel ist ein Ausdruck dieser Hoffnung, etwas aus *Glück* zu erhalten.

Niemand hat je etwas aus Glück erhalten und *be*halten.

Für alles, was wir bekommen, haben wir bereits etwas gegeben oder werden wir etwas gegen müssen, oder es wird uns wieder genommen.

Wer nimmt uns dies? Das Gesetz der Polarität! Die vollkommen unpersönlich wirkende Polarität wird dafür sorgen, daß die Waage in der Balance bleibt. Durch dieses Prinzip wird gewährleistet, daß keine Handlung ohne entsprechende Wirkung bleibt, daß dem Nehmen das Geben – wenn oft auch unfreiwillig – und dem Geben das Nehmen folgt – auch das vielleicht ohne die willentliche Absicht des Empfangenden.

Was bedeutet es überhaupt, etwas umsonst haben zu wollen? Man könnte dies auch »Freibier-Bewußtsein« nennen. Welcher Zustand ist hier am Wirken?

Wir sprachen in einem der früheren Kapitel über den kreativen Fluß, der dadurch zustande kommt, daß wir uns durch eine nach außen gerichtete Handlung, die auch allein im Inneren stattfinden kann, die Tür für diesen Energiestrom öffnen. Durch das Herausfließen wird ermöglicht, daß etwas Neues hereinfließen kann. Dadurch entsteht ein kontinuierlicher Strom. Diese nach außen gerichtete Handlung ist das *Geben*. Es kann auch ein inneres Geben sein. Das Empfangen der hereinfließenden Energie ist das *Nehmen*. Beides muß in ausgewogener Balance sein, um fließen zu können. Sobald auch nur der geringste Widerstand auf der einen oder anderen Seite entsteht, wird der Energiefluß in entsprechendem Maße behindert.

Wer nur gibt oder nur nimmt, befindet sich an jeweils einem Ende der Polaritätsskala und verhindert dadurch die Balance, die den kreativen Fluß ermöglicht. Die Folge ist der Verlust der kreativen Energie, der Lebensenergie. Es entsteht geistige Erstarrung.

Dies ist die Haltung, die in dem Menschen wirkt, der etwas umsonst haben will.

Unter spirituellen Suchern findet man häufig die Ansicht, daß die spirituelle Schulung und die damit verbundene Bewußtseinserweiterung kostenlos sein müsse. Dies ist ein Widerspruch in sich! Denn eine spirituelle Schulung wird nur in dem Maße erfolgen, in dem der Betreffende den kreativen Fluß zuläßt, also das Geben und Nehmen für sich in ein Gleichgewicht bringt.

Will er etwas umsonst, so nimmt er eine Haltung ein, die diesen Strom der spirituellen Kraft nicht zuläßt, so daß eine spirituelle Schulung auch nicht stattfinden kann. Die spirituelle Schulung ist die teuerste Schulung, die es gibt.

Je mehr Sie erfahren und realisieren wollen, desto mehr müssen Sie geben. Kein Geld und keine materiellen Güter! Sondern sich *Selbst!*

Sie werden alles loslassen, was Sie daran hindert, Sie *Selbst* zu sein. Sind Sie sich über die Tragweite dieser Aussage im klaren? Sie werden Ihre Bindungen an sämtliche Ausdrucksformen Ihres *Selbst* loslassen, wie z.B. Ängste, Sorgen, Meinungen, Zwänge, Wünsche, Abneigungen und Eitelkeit. Man wird im Verlauf der spirituellen Schulung merken, wie sehr man an diese aufgezählten Aspekte unseres menschlichen Bewußtseins gebunden ist und wie schwer es ist, sie loszulassen.

Ein wirklich spiritueller Weg, der dem einzelnen nicht bloß dazu dient, vor der Welt zu flüchten, ist ein schwerer Weg. Schwer aber einfach! Vielleicht ist er für Sie auch nicht schwer; Sie müssen ja diese Imagination nicht annehmen!

In verschiedenen spirituellen Lehren wird diesbezüglich auch vom *schmalen Pfad* gesprochen. Dies ist der Weg der vollkommenen Balance, und dieser Weg ist so schmal, daß man ihn nur ohne Bindung an die ausgedrückten Aspekte des Lebens gehen kann.

Das heißt nicht, daß wir unsere Wertsachen an der Garderobe eines spirituellen Weges abgeben müssen, obwohl viele Pseudolehren im wahrsten Sinne des Wortes damit rechnen. Gemeint ist hier vielmehr, daß wir die innere *Haltung* der Bindung aufgeben müssen und nicht die äußeren Werte als solche. Halten Sie also ruhig Ihr Portemonnaie fest in der Hand, wenn Sie sich auf die Suche nach dem für Sie richtigen Weg machen. Aber binden Sie sich nicht daran!

Wir sind damit schon in ein anderes Thema hineingerutscht, nämlich das der *Bindung*.

Sie werden feststellen, daß das Erlangen der Balance zwischen *Geben und Nehmen* und das Aufrechterhalten des kreativen Flusses zwei Aspekte ein und derselben Sache sind.

Etwas nehmen oder in das Bewußtsein hereinlassen ist nur in dem Maße möglich, wie man etwas gibt oder aus dem Bewußtsein herausläßt, also losläßt.

Ein Beispiel: Man kann einen neuen Partner nur dann vollständig annehmen, wenn man den vorherigen Partner vollständig losgelassen hat.

Gelingt einem das nicht, so überträgt man das Vergangene mittels der Imagination auf das Neue und erlaubt dem Neuen damit nicht, in das Bewußtsein aufgenommen zu werden. Man lebt damit an der Realität vorbei; man lebt mit einer Täuschung.

Dieses Beispiel läßt sich auf alle Bereiche des Lebens übertragen: Berufswahl, Entwickeln und Verändern von Meinungen, Ansichten oder ganze Lebensanschauungen, usw.

Besonders wichtig ist dieses Prinzip für den Umgang mit spirituellen Erfahrungen. Eine neue Erfahrung kann erst gemacht werden, wenn wir in unserem Bewußtsein Raum geschafft haben für die dazugehörende Erfahrungssituation und diese dann auch annehmen. Dazu müssen wir uns von den alten Erfahrungssituationen lösen, da sonst eine vollständige und bedingungslose Annahme des Neuen nicht erfolgen kann.

Ein praktisches Beispiel: Sie üben einen Beruf aus, der Ihnen vertraut ist, aber eigentlich keinen Spaß mehr macht, da Sie sämtliche möglichen Erfahrungen in dieser Position schon gemacht haben und der Raum für den kreativen Fluß immer kleiner wird.

Es könnte nun sein, daß Sie sich entschließen, den Arbeitsplatz zu wechseln und eine andere, verantwortungsvollere Tätigkeit zu übernehmen.

Es entsteht jetzt eine typische Situation des Gebens und Nehmens: Um die neue Tätigkeit annehmen zu können, müssen Sie die alte aufgeben. Aber die ist Ihnen vertraut. Hier fühlen Sie sich sicher; eine Sicherheit, die Sie in der neuen Tätigkeit erst entwickeln müssen. Und das wird oft als Risiko empfunden.

Was geschieht, wenn man in der neuen Arbeit keinen Erfolg hat? Wenn man sich überfordert und scheitert? Sollte man nicht doch besser an seinem unbefriedigenden, aber sicheren Arbeitsplatz bleiben?

Es soll hier keine Lösung dieses konkreten Problems angeboten werden; schon allein, um Mißverständnissen vorzubeugen; denn dieser Konflikt ist durchaus mehrdeutig. Das Gefühl, das sich hierbei einstellt, könnte eine sichere Wahrnehmung dafür sein, daß man den neuen Job nicht annehmen und noch etwas warten sollte. Es könnte aber auch ein Ausdruck dafür sein, daß man sich von alten Erfahrungsmustern nicht trennen kann und Bindungen aufgebaut hat, die ein weiteres Erfahrungswachstum verhindern.

Spirituelles Wachstum bedeutet fortwährendes Erfahren der Realität des *Selbst*.

Wenn eine Erfahrung gemacht worden ist, folgt die nächste und wir müssen uns flexibel darauf einrichten. Der kreative Fluß fließt nicht geradlinig, sondern auf verschlungenen Wegen. Dennoch ist dies kein Umweg, sondern ein direkter Weg, so wie wenn man auf einer kurvenreichen Straße fährt und die Fahrt ständig dem Straßenverlauf anpassen muß. Würde man einfach geradeaus fahren, würde man im Straßengraben landen, und die Fahrt wäre erstmal unterbrochen.

Diese Anpassung unserer Entwicklung an die Notwendigkeiten des *Selbst* verlangt von uns ein ständiges Loslassen von Bindungen an vertraute Situationen und ständiges Hineingehen in unbekannte Erfahrungsbilder.

Dazu gehört *Mut* und *Disziplin*. Wenn eine Erfahrung verinnerlicht worden ist, gibt es für das *Selbst* keinen Grund mehr, in der alten Erfahrungssituation zu verbleiben. Verharrt man trotzdem in den alten Lebensumständen, beginnt man sich für den kreativen Fluß zu verschließen. Diese ständige Wachsamkeit für die Aufrechterhaltung des ungehinderten Flusses der spirituellen Kraft erfordert *Disziplin*. Disziplin unserer *Aufmerksamkeit*. Dies ist der Grund, warum viele religiöse Wege Übungen zur Schulung der Disziplin enthalten, wie Fasten und regelmäßiges Beten oder Meditieren. Die Notwendigkeit der Disziplin hat sich aber in einigen Lehren verselbständigt und ist oft zu einem Instrument der Unterdrückung geworden, wie wir es bei der Entstehung und Aufrechterhaltung von Schuldgefühlen gesehen haben. Aber dennoch liegt hierin ein Kern der Wahrheit wahren spirituellen Wachstums.

Wir werden dieses Thema in dem nächsten Kapitel weiter verfolgen.

Zum Thema »Geben und Nehmen« wollen wir uns abschließend eine Beobachtungs- und Sensibilisierungs-Übung ansehen. Diese Übung ist ganz einfach und dient mehreren Zwecken.

Erstens wird die Aufmerksamkeit auf einen wichtigen spirituellen Aspekt des *Selbst* gerichtet.

Zweitens lernen wir das Gesetz des Karma praktisch kennen, denn wenn wir durch unsere gezielt eingesetzte Aufmerksamkeit Ursachen setzen, müssen ja wohl auch die entsprechenden Wirkungen in Gestalt von Erfahrungen eintreten.

Und drittens können wir gleich unsere Disziplin im Umgang mit der Aufmerksamkeit üben.

> »Nehmen Sie sich vor, einen Tag lang Ihre Aufmerksamkeit auf das Geben zu richten. Beobachten Sie sich ständig, und achten Sie auf alles, was an diesem Tag mit Geben zu tun hat. Überlegen Sie, was Sie *Selbst* an diesem Tag zu geben haben oder geben können. Geben Sie!
>
> Nehmen Sie sich dann für einen der folgenden Tage vor, Ihre Aufmerksamkeit ausschließlich auf das Nehmen und Erhalten zu richten. Lernen Sie zu erhalten und anzunehmen!«

Achten Sie an diesen beiden Tagen besonders auf die Balance zwischen diesen beiden Aspekten. Achten Sie aber auch auf Ihre Aufmerksamkeit. Wie oft werden Sie dieses Tagesprogramm vergessen? Werden Sie die Disziplin haben, diese Übung dann wieder aufzunehmen?

Ziehen Sie nach jedem Tag ein Resümee über die Erfahrungen, die Sie gemacht haben. Schreiben Sie sie auf, wenn Sie möchten.

Jeweils ein Tag reicht völlig aus für diese Übung. Vielleicht wird Ihnen dieser Tag sogar besonders lang erscheinen. Üben Sie langsam und schrittweise, mit der Aufmerksamkeit umzugehen. Später können Sie sich dann an schwierigere Aufgaben heranwagen.

Sollten Sie das Gefühl haben, daß diese Übungen zu keinen Erfahrungen geführt haben, dann denken Sie daran, daß dies gar nicht möglich ist! Sie werden dann sehr wahrscheinlich die eingetretenen Erfahrungen auf Grund Ihrer Erwartungen nicht wahrgenommen haben. Aber dieser Fall wird wohl kaum eintreten. Sie werden sich im Gegenteil mit Sicherheit vor Erfahrungen überhaupt nicht mehr retten können.

9. Kapitel »Die Disziplin der Aufmerksamkeit«

Die kontrollierte Aufmerksamkeit ist der Schlüssel zur spirituellen Entfaltung.

Was ist Aufmerksamkeit? Und wie geht man mit ihr um?

»Aufmerksamkeit« ist zunächst wieder einmal ein abstrakter Begriff, dessen Inhalte wir uns erst erarbeiten und verständlich machen müssen. Man könnte sagen, Aufmerksamkeit ist die Konzentration auf einen bestimmten Punkt oder eine bestimmte Sache. Wer konzentriert was?

Wird der Körper konzentriert? Kann man das überhaupt? Vielleicht werden Sie sagen, daß man den Körper als Ausdruck innerer Konzentration ebenfalls in einen Zustand konzentrierter Spannung versetzen kann. Gut! Aber als Ausdruck wovon? Wie ist das mit den Gefühlen? Genauso? Und mit dem Verstand? Auch genauso? Oder sitzt hier die Quelle der Konzentration?

Wir haben ja bereits gesehen, daß der Verstand genau wie auch der Körper und die Gefühle eine Ausdrucksform des Bewußtseins ist. Durch diese Form drückt sich das *Selbst* wie durch ein Instrument aus. Die Konzentration erfolgt also nicht im Körper, sondern drückt sich durch den Körper aus, ebenso erfolgt die Konzentration nicht im Gefühl, sondern drückt sich auch hier nur durch das Gefühl aus. Mit dem Verstand ist es genauso. Er unterliegt dem gleichen Prinzip. Die Konzentration des Verstandes ist eine Form des Ausdrucks, die hervorgerufen wird durch das *Selbst*.

Was genau geschieht bei einer Konzentration? Das *Selbst* ist aufgrund seiner räumlich-zeitlichen Ungebundenheit in der Wahrnehmung frei.

Es kann *alles* in jedem Moment wahrnehmen, da alles in jedem Moment existiert.

Durch den Eintritt des *Selbst* in die Welten von Raum und Zeit wird die Gesamtheit des *Selbst* in eine unbegrenzte Anzahl von Teilen aufgespalten und ausgedrückt. Der Sinn dafür liegt in der Erfahrung des *Selbst* durch die Erfahrung der ausgedrückten Gesamtheit unseres *Selbst.*

Um die ausgedrückte Gesamtheit des *Selbst* zu erfahren, benötigt das *Selbst* ein Wahrnehmungsorgan, das befähigt ist, nicht das Ganze an sich wahrzunehmen, sondern immer nur *einen* Aspekt aus der Gesamtheit der ausgedrückten Teile des *Selbst.*

Dieses Wahrnehmungsorgan ist der Verstand. Er ist von sich aus darauf ausgerichtet, immer nur einen Aspekt auf einmal zu erkennen. Insofern ist der Verstand *immer* konzentriert!

Es kann aber geschehen, daß der Verstand die Objekte seiner Konzentration ständig, von Sekunde zu Sekunde, wechselt. Dies bezeichnen wir als mangelnde Konzentration. In Wirklichkeit ist dies aber keine *mangelnde* Konzentration, sondern eine *unkontrollierte* Konzentration.

Kontrolle der Konzentration bedeutet das bewußte Richten und Festhalten der Konzentration auf bestimmte Punkte der Wahrnehmung.

Dies geschieht nicht durch den Verstand selbst, da er lediglich Instrument ist. Dieses Instrument kann allerdings so konditioniert werden, daß es von sich aus bestimmte Wahrnehmungsprogramme durchführt, d.h. sich auf bestimmte Punkte der Wahrnehmung konzentriert. Eine Konditionierung entsteht z.B. durch die Annahme bestimmter Denk- und Meinungsmuster über sich *Selbst* und/oder die Umwelt.

Das Denkmuster »ich-kann-nicht« führt zu einer Konzentration der Wahrnehmung auf alle ausdrückbaren Möglichkeiten des *Mißerfolgs.*

Das Meinungsmuster »die-Welt-ist-schlecht« führt zu einer ausschließlichen Wahrnehmung der negativen, d.h. der bewußtseinsbegrenzenden Aspekte der ausgedrückten Schöpfung – des ausgedrückten Seins.

Das Richten und Festhalten der Konzentration auf die Punkte der Wahrnehmung erfolgt nicht durch den Verstand, sondern durch das *Selbst*, das sich des Verstandes bedient, um sich *Selbst* über den Ausdruck seines *Selbst* wahrzunehmen und zu realisieren.

Das Mittel, mit dem das *Selbst* den Verstand einsetzt und auf bestimmte Punkte der Wahrnehmung fixiert, ist die *Aufmerksamkeit.*

Aufmerksamkeit ist die Wahrnehmungsfähigkeit des *Selbst.*

Um diese Fähigkeit zu trainieren, können wir folgende kleine Übung machen:

»Lassen Sie Ihr Radio und Ihren Fernseher oder zwei Radios mit unterschiedlichen Programmen gleichzeitig laufen, und richten Sie Ihre Aufmerksamkeit auf eines der beiden Programme. Durch die Verlagerung der Aufmerksamkeit wird der Verstand auf das ausgewählte Programm gerichtet und nimmt dieses wahr, und zwar ausschließlich dieses eine!«

Können Sie Ihre Aufmerksamkeit auf das eine Programm gerichtet halten? Nein? Was geschieht? Das *Selbst* kann die Aufmerksamkeit nicht ausdrücken, da der Verstand aufgrund seiner Konditionierung die Situation nicht handhaben kann. Diese Konditionierung könnte lauten: »ich kann nicht das eine Programm hören, wenn ein anderes dazwischen läuft«.

Es entsteht ein Polaritätskonflikt: Wir haben zwei Pole (Programme) gleichzeitig, obwohl wir nur an einem sein können (aufgrund unserer Konditionierung). Die Folge ist Spannung, die bis hin zur Aggression führen kann.

Wer kennt das nicht, daß man nachts schlafen will, aber der Nachbar sein Radio lautstark laufen läßt?

Aufgrund der Konditionierung entwickelt der Verstand ein Eigenleben und läßt sich nicht mehr so ohne weiteres durch das *Selbst* einsetzen. Er verhält sich wie ein schlecht gestimmtes Instrument.

Wir können dieses Instrument aber wieder stimmen und zu einem perfekten Ausdrucksmittel für das *Selbst* einrichten. Diese Übung ist ein Schritt dahin.

Der konditionierte Verstand ist Wirkung der Einflüsse, d.h. er *reagiert* auf alles, was in seinen Wahrnehmungsbereich fällt, sofern es die Konditionierung zuläßt, und ist außerstande, eigene Ursachen zu setzen. Eine eigene Ursache wäre z.B. die Entscheidung, die Konzentration auf nur ein Programm gerichtet zu halten. Da dem Verstand die Kraft zur Ursächlichkeit fehlt, kann er sich nur relativ verhalten. Auf zwei gleichzeitige Einflüsse wird er deshalb mit einer ständig wechselnden Konzentration reagieren. Wir haben dadurch das Gefühl, daß wir uns nicht konzentrieren können. Richtig ist aber, daß wir die Konzentration lediglich nicht auf einen Punkt gerichtet halten. Obwohl wir dies mit etwas Übung könnten.

Kontrollierte Aufmerksamkeit bedeutet, daß wir als *Selbst* die Konzentration des Verstandes nach Belieben einsetzen können. Wir können unsere Aufmerksamkeit auf jeden beliebigen Punkt der ausgedrückten Schöpfung (des ausgedrückten *Selbst*) richten und fixieren. Wir können unsere Aufmerksamkeit auf das Denkmuster »ich-kann« lenken, und wir werden plötzlich sämtliche ausdrückbaren Möglichkeiten des *Erfolgs* wahrnehmen. Und damit auch zum Erfolg gelangen!

Ebenso können wir unsere Aufmerksamkeit auf das Meinungsmuster »die-Welt-ist-schön« richten. Mit einem Mal werden wir die Schönheit des Lebens in dieser Welt in allen vorhandenen Aspekten wahrnehmen. Und damit Schönheit in *unserem* Leben zum Ausdruck bringen.

Vielleicht wenden Sie ein, daß man vor den Realitäten dieser Welt die Augen nicht verschließen dürfe und deshalb gerade das Schlechte sehen müsse, wie es ist, um es gegebenenfalls zu bekämpfen.

Woher kommt diese Konditionierung Ihres Verstandes? In einer Welt der Polarität ist das Schlechte ebenso wie das Gute ein Teil der Realität.

Ist es deshalb ein Verschließen vor der Wirklichkeit, wenn man die Aufmerksamkeit auf das Positive richtet?

Wozu gibt es die Wirklichkeit? Damit wir uns als *Selbst* erfahren können.

Wer hat diese Wirklichkeit geschaffen? Wir *Selbst*.

Es ist deshalb unsere Aufgabe, unsere Aufmerksamkeit auf diejenigen Aspekte dieser vielfältigen Wirklichkeit zu richten, die uns weitere Erfahrungen unseres *Selbst* ermöglichen. Damit erzeugen wir einen Fluß spiritueller Energie, der unser Bewußtsein öffnet. Wir bewegen uns auf der Polaritätsskala vom negativen Pol zum positiven Pol.

Das Positive ist das Bewußtseinserweiternde. Je mehr wir uns erweitern, desto positiver werden wir. Unsere Aufmerksamkeit wird dadurch ebenfalls vom negativen zum positiven Pol herübergeleitet. Wir beginnen, Schönheit und Harmonie wahrzunehmen und in unserem Leben zu realisieren.

Umgekehrt kann man daraus eine Übung machen: Richten Sie Ihre Aufmerksamkeit auf das Positive, und Sie werden plötzlich das Positive in Ihrem Leben verwirklichen. Indem Sie Ihre Aufmerksamkeit auf das Positive lenken, öffnen Sie die Tür für den kreativen Fluß, für die spirituelle Energie, die Sie weiter dem positiven Pol entgegenträgt.

Wir hatten im vorangegangenen Kapitel eine Übung kennengelernt, die sich damit befaßte, einen Tag lang die Aufmerksamkeit auf einen bestimmten Aspekt der spirituellen Schulung zu richten. Machen wir diese Übung noch einmal! Diesmal richten wir unsere Aufmerksamkeit einen Tag lang auf das Positive: z.B. auf *Schönheit*, auf *Liebe*, auf *Harmonie*, auf *Balance*, und auf *Dankbarkeit*.

Lassen Sie uns das Schöne entdecken; einen Tag lang. Und beobachten Sie, was geschieht.

Wenn wir lernen können, die Aufmerksamkeit kontrolliert einzusetzen als Wahrnehmung des *Selbst*, dann können wir unsere Aufmerksamkeit nach Belieben verlagern: auf den Körper, das Gefühl, den Verstand und schließlich auf das *Selbst* selbst. Wir können die über den Verstand eingetretenen Identifikationen unseres *Selbst* mit den Teilen der ausgedrückten Schöpfung, d.h. mit den Teilen dieses *Selbst*, auflösen und uns als das wahrnehmen, was wir sind: *Selbst*.

Deshalb ist die kontrollierte Aufmerksamkeit der Schlüssel zur spirituellen Entfaltung.

10. Kapitel
»Liebe«

Das Beste im Leben bekommt man umsonst! Das *Leben!* Die *Liebe!*

Anders als die Ausdrucksformen der Liebe unterliegt *Liebe selbst* nicht den Prinzipien der Polarität. Liebe ist die spirituelle Energie der Gesamtheit des *Seins* an sich; die Kraft Gottes, wenn man diesen Begriff verwenden möchte.

Jeder von uns ist ein Teil dieser Energie, und doch sind wir gleichzeitig kein *Teil*, sondern tragen als individualisiertes *Selbst* die *Gesamtheit* in uns. Leben und Liebe verschmelzen somit zu einer begrifflichen Einheit.

Wir *sind* Leben – wir *sind* Liebe.

Da jede Äußerung unseres Seins ein Ausdruck der spirituellen Kraft ist, ist jede Lebensäußerung im Grunde Liebe! Wir befinden uns in jedem Moment unseres Lebens in einem Zustand der Liebe.

Vielleicht werden Sie sagen, daß dies wohl nicht ganz stimmen kann, da wir ja ständig von sogenannten negativen – also bewußtseinsbegrenzenden – Einflüssen umgeben sind und diesen Einflüssen erliegen und selber negative Ursachen setzen, solange wir noch nicht gelernt haben, diese Einflüsse zu handhaben.

Wenn dies geschieht, begeben wir uns unweigerlich in eine karmische Verstrickung, die unser Bewußtsein für einen gewissen Zeitraum bindet. Oder genauer gesagt: nicht unser Bewußtsein *selbst* wird gebunden, sondern die Ausdrucksformen des *Selbst* werden durch die dualen Gesetze dieses Universums unserer freien Verfügung entzogen. Das Instrument wird in einem gewissen Sinne verstimmt; wir können zwar noch darauf spielen, aber es kommt nichts Harmonisches dabei heraus.

Auch dies ist allerdings eine Erfahrung; wenn sie auch negativ ist. Denn auch eine negative Erfahrung ist ein Ausdruck der spirituellen Kraft, wenn auch auf einer eingeschränkten Stufe der Entwicklung. Niemand hindert uns, Jahrhunderte oder Jahrtausende auf einer bestimmten Entwicklungsstufe zu verbleiben.

Wir können aber auch unser jetziges Leben zu unserem letzten Leben in diesen Welten von Raum und Zeit machen.

Wir haben die Freiheit der Wahl.

Wenn wir uns für den direkten Weg der spirituellen Entfaltung entscheiden, für den Weg der positiven Erfahrungen, müssen unsere Instrumente, der physische Körper, der Astralkörper, und der Mentalkörper gut gestimmt sein. Diese gute Stimmung ist der Zustand der Balance.

Es ist deshalb als einer der ersten Schritte zum *Selbst* unerläßlich, die Körper als Ausdrucksmittel des *Selbst* zu akzeptieren und sie vom Standpunkt des *Selbst* zu betrachten.

Dies ist der Standpunkt der *Liebe*.

Es ist deshalb ein wichtiger erster Schritt, das eigene *Selbst* und alle seine Ausdrucksformen zu lieben.

Erst wenn wir unseren Instrumenten Liebe geben, kann durch sie Liebe fließen. Erst dann können wir den kreativen Fluß in Bewegung versetzen und uns von ihm tragen lassen und alles Leben, das uns auf dieser Reise begegnet, an dieser Liebe teilhaben lassen.

Wir können andere erst lieben, wenn wir gelernt haben, uns *Selbst* in unserer Gesamtheit zu lieben.

Das ist der Kern der Nächstenliebe.

Wie wirkt Liebe?

Liebe ist eine Energie. Oder besser: Liebe ist *die* Energie der Universen an sich. Diese Energie ist positiv. Dies ist allerdings etwas mißverständlich ausgedrückt; denn diese Kraft hat in ihrem nicht-ausgedrückten Zustand keinen negativen Gegenpol. Sie steht also außerhalb der Polarität. Dann aber kann ein Begriff wie »positiv« die Liebe nicht richtig beschreiben. Das können Begriffe tatsächlich auch nie, denn sie sind immer Produkte des polarisierten Verstandes.

Wenn wir hier also von der Liebe als einer positiven Kraft sprechen, meinen wir damit den Zustand der Losgelöstheit mit seiner bewußtseinserweiternden Wirkung.

Wodurch entsteht diese Wirkung?

Wenn wir mit dieser spirituellen Kraft in Berührung kommen – richtig muß es heißen: wenn wir unsere Aufmerkamkeit auf diese spirituelle Kraft richten; denn in Berührung mit dieser Kraft sind wir ununterbrochen! –, dann stellen wir eine direkte Verbindung zwischen den Welten von Raum und Zeit und den Welten des reinen Seins her. Da wir und die spirituelle Kraft Teilaspekte ein und desselben Seins sind, ist diese Verbindung in jedem Moment unserer Reise durch die Universen vorhanden. Wir sind an sich immer in Verbindung mit dieser Kraft, und durch die kontrollierte Verlagerung unserer Aufmerksamkeit werden wir uns dessen bewußt.

Gleichzeitig lösen wir uns von den Bildern unseres menschlichen Bewußtseins und von den Identifikationen, die durch die einschränkende Konzentration des Verstandes auf Teilaspekte des ausgedrückten *Selbst* entstehen.

Wir richten unsere Aufmerksamkeit von einem *Teil* zum *Ganzen*.

Dadurch werden die Begrenzungen der Wahrnehmung aufgehoben, und es entsteht das Gefühl, daß wir uns öffnen und erweitern; ein Gefühl der Ausdehnung, wie wir es bei den verschiedenen Übungen schon kennengelernt haben. Was dabei wirklich geschieht, ist die Entstehung eines Raumes, eines spirituellen Freiraumes, der uns die Freiheit schafft, die wir benötigen, um die für uns notwendigen Erfahrungen machen zu können.

Haben wir vorher unsere Aufmerksamkeit und damit unser Bewußtsein an einen kleinen Teil der Wirklichkeit gebunden, so haben wir jetzt das gesamte Universum im Wahrnehmungsbereich unserer Aufmerksamkeit! Die Erweiterung unserer Wahrnehmung führt zu einer Erweiterung unseres Bewußtseins. Wir öffnen uns dadurch für die spirituelle Kraft und werden zu einem Instrument der *Liebe*.

Jedem Menschen oder jedem anderen Lebewesen, dem wir begegnen, wird diese Kraft durch uns zuteil. Wir werden damit zu einem Mitarbeiter Gottes. Von dieser Kraft geht eine Anziehung aus, der sich niemand entziehen kann, denn sie berührt das Leben in seinem Wesenskern.

Dieser Wesenskern ist die *Ewigkeit* des *Selbst*. Das *Sein* an sich. Immer dann, wenn das *Selbst* in Räumen gebunden ist, z.B. durch die Identifikationen des Verstandes mit Teilen des Seins, fühlen wir die Enge und die Begrenzungen unseres Bewußtseinszustandes.

Treffen wir dann aber auf jemanden, der selbst diese inneren Grenzen überschritten hat und jetzt den Strom der spirituellen Energie zum Ausdruck bringt, wirkt die ausströmende Kraft dergestalt auf unser Bewußtsein, daß es sich von den angenommenen begrenzenden Mustern löst, und wir beginnen die *Losgelöstheit* des Seins und die Grenzenlosigkeit des *Selbst* zu spüren. Die inneren Räume, in denen wir uns aufgrund unseres menschlichen Bewußtseins aufhalten, kann man auch unseren »persönlichen oder spirituellen Freiraum« nennen. Dieser innere Freiraum ist geprägt durch unsere Gefühle, Wünsche, Meinungen, Ängste, Sorgen, Freuden, Euphorien, Vorurteile und unser Eigenbild.

Dem eigenen *Selbst* Liebe zu geben, heißt nichts anderes, als uns Freiraum zu gewähren.

Anderen Liebe zu geben, bedeutet demnach, die persönlichen Freiräume anderer zu erkennen und zu achten. Indem wir anderen gestatten, Freiräume zu haben, geben wir *Liebe*.

Indem wir *Liebe* geben, wächst unser eigener Freiraum. Dies ist der Grund für die bewußtseinserweiternde Wirkung der Liebe.

Eines der stärksten Muster, das die Erweiterung unseres Bewußtseinsraumes hindert, ist das Bild, das wir von uns selbst haben – unser Selbstbild.

Es entsteht durch die Annahme von Bewertungen, die sich auf uns selbst beziehen. Aufgrund der Polarität des Verstandes sind wir daran gebunden, sämtliche Erfahrungen in einen Bezug zu anderen Erfahrungen zu setzen, sofern wir uns mit dem Verstand identifizieren. Wir fügen dadurch unsere Erfahrungen in ein Ordnungssystem, das der Polarität dieses Universums entspricht. Durch die Anordnung unserer Erfahrungen und Wahrnehmungen auf dieser Polaritätsskala entstehen Werte und Bewertungen.

Was wir bewerten, sind unsere Wahrnehmungen. Auch unsere Wahrnehmungen von uns *Selbst*. Es entsteht somit ein Selbstbild, das seine Wurzeln in den Werten der äußeren Welt hat. Dies ist eigentlich gar kein *Selbst*-Bild, sondern lediglich ein Bild der äußeren Welt und seiner Maßstäbe; nicht aber ein Bild des *Selbst* an sich.

Was wir an uns sehen, ist lediglich unser Verhältnis zu der uns umgebenden ausgedrückten Schöpfung. Wenn wir uns mit den darin ausgedrückten Werten identifizieren, weil wir z. B. mit bestimmten Maßstäben aufgewachsen sind und die uns deshalb als völlig »normal« erscheinen, entsteht ein Selbstbild, das sich an einzelne Teilaspekte des menschlichen Bewußtseins bindet und dem der losgelöste Überblick fehlt. Der persönliche Freiraum wird dadurch begrenzt und ebenso unsere Fähigkeit, ein

Instrument für die spirituelle Kraft und damit ein Instrument für *Liebe* zu sein.

Warum nehmen wir nun aber diese begrenzenden Selbstbilder an? Wir setzen uns dadurch in Beziehung zu unserer Umwelt, in die wir als Teil eingebettet sind und deren Gemeinschaft wir brauchen.

Wieso brauchen wir diese Gemeinschaft?

Jedes Gruppenbewußtsein ist ein verstärkter Kanal für die spirituelle Energie, wenn oftmals auch in negativer Form. Diese spirituelle Energie ist Lebenskraft oder die Substanz des Lebens an sich. *Liebe*. Jedes Lebewesen lebt nur, weil es diese Energie in sich trägt; weil es Leben oder *Liebe* in sich trägt.

Weil wir diese Lebenskraft *sind* und nur deshalb überhaupt existieren, entsteht ein Gefühl der Notwendigkeit und des Verlangens nach dieser Kraft. Deshalb sind wir ständig bemüht, diese Kraft zu bekommen, wobei das ungeschulte Bewußtsein der Illusion erliegt, daß diese Kraft nur von außen, d.h. durch die Teilnahme an einem Gruppenbewußtsein zu erlangen sei. Deshalb sind wir ständig darum bemüht, die *Liebe* unserer Umwelt zu erhalten. Wir glauben, nur durch das *Erlangen* von *Liebe* leben zu können und tun alles, um unsere Umwelt günstig zu stimmen, damit der Strom der Energie, der von der Gruppe zu uns fließt, nicht unterbrochen wird.

Wir passen uns den Gruppenerwartungen an, indem wir ein bestimmtes Rollenverhalten annehmen und begrenzen uns »freiwillig« in Unkenntnis der wahren Zusammenhänge. Denn wie wir bereits kennengelernt haben, führt nicht das *Erlangen* von *Liebe* zum Leben, sondern das *Geben* von *Liebe*.

Woher, glauben wir, kommt die Liebe der Gruppe, die wir für so unerläßlich halten? Auch die Gruppe muß die Liebe irgendwoher haben. Irgendwer muß Liebe erzeugen können, sonst wäre sie auch in der Gruppe nicht vorhanden. Und wenn sie irgendjemand erzeugen können muß, können wir das dann nicht auch *Selbst?* Natürlich können wir es *Selbst!* Wie sollte *Liebe* jemals erzeugt werden, wenn nicht durch uns *Selbst?* Allerdings ist der Begriff »erzeugen« nicht ganz richtig; denn Liebe wird nicht erzeugt, da sie bereits hier *ist*. Liebe braucht nur erfahren und zum Ausdruck gebracht zu werden. Dies funktioniert deshalb, weil wir *Liebe sind!*

Eine Möglichkeit, *Liebe* zu erzeugen bzw. zu erfahren, ist das Gewähren von Freiraum.

Menschen, die sich unbewußt an das Gruppenbewußtsein ihrer jeweiligen Umwelt anpassen, um Aufmerksamkeit und damit Energie zu erlangen, drücken die damit verbundenen Begrenzungen in all ihren Lebenssituationen aus.

Dies führt dazu, daß sie die Begrenzungen durch ihre Umwelt geradezu erwarten und sich Freiheit aufgrund der eingeschränkten Imaginationsfähigkeit überhaupt nicht vorstellen können.

Wenn wir Menschen mit solchen Mustern begegnen – und es ist fast unmöglich, solchen Menschen nicht zu begegnen, weil es eigentlich nur solche gibt – und ihnen Freiraum gewähren, brechen wir die bestehenden Erwartungsmuster dieser Menschen, die zu dem angepaßten Verhalten geführt haben, und geben ihnen den Raum, zu sein, wie sie wirklich sind.

Dies wird am Anfang zu Schwierigkeiten führen, da die wenigsten mit einem solchen plötzlich vorhandenen Freiraum etwas anzufangen wissen. Vielfach wird die plötzliche Erfahrung der Freiheit von der selbstangenommenen Begrenzung, ein bestimmtes Selbstbild präsentieren zu müssen, als unangenehm oder zumindest verwirrend empfunden. Das ist auch nicht verwunderlich, denn zum einen sind wir nicht an Freiheit gewöhnt, und zum anderen werden durch diese Erfahrung gewohnte Muster gebrochen. Wir müssen also etwas aufgeben, und das tut wegen unserer mentalen Bindungen weh, auch wenn es sich dabei um ein erzwungenes Selbstbild handelt.

Dennoch trifft eine solche Erfahrung auf den Kern des Menschen und füllt ihn mit spiritueller Kraft, so daß er sich diesem Bewußtseinszustand nicht mehr entziehen kann. Er wird diesen Vorgang anfangs nicht bewußt, sondern eher gefühlsmäßig erleben. Er wird z.B. ein Gefühl der Sympathie oder des Wohlfühlens haben und dann diesem Vorgang keine weitere Beachtung schenken. In jedem Fall wird er auf Grund der plötzlich in seinem Leben wirkenden Kraft sichtbar aufblühen und alle positiven Aspekte dieses Bewußtseins zum Ausdruck bringen.

Probieren Sie dies einmal aus. Es funktioniert immer.

Wir können dazu eine schon bekannte Übung verwenden.

»Nehmen Sie sich vor, einen Tag lang jedem Lebewesen, das

Ihnen begegnet – ob Mensch oder Tier, Pflanze oder Mineral – Raum zu schenken. Im Inneren; und natürlich in aller Stille! Sie sollten es besser vermeiden, jedem zu erzählen, was Sie da tun, denn das könnte zu einigen Mißverständnissen führen.

Schweigen Sie nach außen und verschenken Sie Freiräume im Inneren.

Nehmen Sie die Haltung an, daß der andere so ist, wie er ist und auch so sein *darf*, wie er ist, denn er ist genauso *Selbst* wie Sie und genauso auf der Reise durch die selbsterschaffenen Welten von Raum und Zeit, um sich *Selbst* zu erfahren.«

Sie werden vielleicht fragen, ob das schon die ganze Übung ist? Ja, das ist die ganze Übung! Allein durch die Veränderung Ihrer innere für niemanden auf den ersten (äußeren) Blick wahrnehmbaren Haltung verändern Sie *Ihren* persönlichen Freiraum und bringen den kreativen Fluß in Bewegung. Jeder der sich diesem spiritualisierten Freiraum nähert, wird von der (unpersönlichen) *Liebe*, die Sie ausstrahlen, berührt und im Bewußtsein verändert.

So subtil und doch so einfach ist das! Probieren Sie es aus – nur einen Tag lang! Und achten Sie dabei nicht nur auf die Freiräume der anderen, sondern auch auf Ihren eigenen Freiraum, auf Ihre eigenen Erwartungs- und Verhaltensmuster in bezug auf Ihr eigenes Selbstbild. Erlauben Sie sich, über dieses eigene Selbstbild hinauszugehen. Schenken Sie sich *Selbst* Freiraum, und beobachten Sie die Veränderungen *Ihres* Bewußtseins. *Fühlen* Sie den Zustand der Liebe.

Wenn Sie ein Gefühl zu dieser Erfahrung aufbauen, können Sie sich jederzeit dieses Gefühl in das Bewußtsein rufen und dadurch auch den Erfahrungszustand wieder einnehmen.

Dies ist eine Variation der Imaginationstechnik.

Sie werden dadurch schrittweise ein neues Verständnis für das entwikkeln, was wir in den Mittelpunkt dieses Kapitels gestellt haben: *Liebe*.

11. Kapitel
»Die Kunst der Kreativität«

Kreativität oder die schöpferische Kraft sind weitere abstrakte Begriffe, die wir häufig verwenden und die eine wichtige Bedeutung für unser spirituelles Wachstum haben. Es wäre deshalb gut, sich diese Begriffe näher anzuschauen und zu versuchen, sich diese Inhalte so konkret und verständlich wie nur möglich zu machen. Und das wollen wir jetzt tun!

Es ist klar, daß diese Vorgehensweise sehr mental ist und die Anwendung des Verstandes erfordert und trainiert; aber da wir uns nicht mit dem Verstand identifizieren, dient diese kontrollierte Anwendung des Verstandes schließlich dem Erkennen und Erfahren des *Selbst*.

Was meinen wir, wenn wir von *Kreativität* sprechen?

Das erste, das uns in den Sinn kommt, ist der künstlerische Ausdruck, der mit der Kreativität eines Künstlers zusammenhängt. Wenn wir erkennen, was in einem Künstler vorgeht, während er ein Kunstwerk hervorbringt, können wir vielleicht die Bedeutung der Kreativität erfahren.

Was also geschieht im Moment der künstlerischen Aktivität? Was ist Kunst überhaupt?

Falls Sie selbst schon einmal künstlerisch tätig waren oder es gerade sind oder es vielleicht werden wollen, können Sie jetzt durch die Erinnerung oder durch Imagination selbst versuchen, den Vorgang der Kreativität zu beobachten.

Wir machen es uns diesmal leicht und betrachten den kreativen Prozeß rückwärts, d.h. von außen nach innen. Wir beginnen unsere Beobachtungsreise bei den Dingen, die wir im Äußeren wahrnehmen können.

Da ist also das sogenannte Kunstwerk: ein Bild, eine Skulptur, eine Komposition, ein Gedicht, und so weiter.

Wodurch ist es entstanden? Betrachten wir seine Entstehung von der letzten Ausdrucksebene her.

Das Kunstwerk ist zunächst dadurch entstanden, daß wir mit unseren äußeren Mitteln, d.h. zunächst mit dem physischen Körper, der äußeren

Materie eine besondere Form gegeben haben. Wir haben z.B. Farbe in einer bestimmten Ordnung auf Papier oder Leinwand gebracht oder haben einem Klumpen Ton eine bestimmte Form gegeben. Die Möglichkeiten sind unbegrenzt.

Wie kommt nun der physische Körper dazu, diese Gestaltung der äußeren Materie auszuführen?

Die Arbeit eines jeden Künstlers wird vermutlich mit einem Gefühl verbunden sein. Er wird ein inneres Bild seiner künstlerischen Wahrnehmung haben und dieses Bild gefühlsmäßig erfassen und ausfüllen. Ein Zeichner, der vor seinem inneren Auge eine Landschaft erstehen läßt, wird sehr wahrscheinlich diese Landschaft auch erfühlen, d.h. er wird das Gefühl annehmen, das er hätte, wenn er »wirklich« in dieser Landschaft wäre. Kennen wir diese »Technik« nicht schon irgendwoher? Wie entsteht nun dieses Bild und dieses Gefühl? Spielt sich dieser Vorgang allein auf der Gefühlsebene ab?

So wie wir von der physischen Ebene auf die Gefühlsebene wechseln mußten, um die Entstehen eines Kunstwerkes zu verstehen, so müssen wir auch jetzt wieder die Ebene wechseln und uns auf die Mentalebene begeben, um den roten Faden der Kreativität weiterverfolgen zu können.

Hier nämlich, auf der Mentalebene des Bewußtseins – durch das Ausdrucksmittel des Verstandes –, entstehen die inneren Bilder und die Ursachen für das Gefühl. Der Ausdruck in Form des jeweiligen Kunstobjekts entspricht – natürlich – den Gesetzmäßigkeiten der Polarität; »natürlich« deshalb, weil jeder Ausdruck in den Welten von Energie und Materie in einer dualen Wechselbeziehung zu den im Ausdruck enthaltenen Polen steht.

Wir haben bereits festgestellt, daß der Verstand das Wahrnehmungsorgan für diese Polarität ist. Nun ist der Verstand aber nicht nur darauf beschränkt, wahrzunehmen. Er hat eine Reihe von Funktionen, zu denen neben der Wahrnehmung der äußeren Strukturen des Lebens auch deren Einordnung in ein duales Werte-System und das Setzen von Aktionen gehört. Das Setzen von Aktionen bedeutet folgendes: Der Verstand ist, wie wir schon gesehen haben, immer konzentriert, d.h. er ist immer auf einen Punkt gerichtet. Wenn er aber in der ausgedrückten Welt immer *zwei* Bewußtseinspole einer Sache erkennt, aber immer nur *einen*

Pol auf einmal konzentriert wahrnehmen kann, müssen die Waagschalen seiner Wahrnehmung automatisch entweder zur einen oder zur anderen Seite ausschlagen. Man könnte sagen, der Verstand muß immer eine »Entscheidung« zwischen zwei Polen treffen und dadurch Aktionen setzen.

Achtung! Wenn der Verstand eine Entscheidung treffen *muß*, ist es keine »Entscheidung« mehr im Sinne einer bewußten Kontrolle der Wahrnehmung.

Wir haben ja bereits in dem Kapitel über die Aufmerksamkeit gesehen, daß der Verstand lediglich ein Werkzeug ist und die Kontrolle seines Einsatzes nicht von ihm selbst, sondern vom *Selbst* gesteuert wird. Wenn wir den Verstand sich selbst überlassen – und dies ist für den heutigen Menschen »normal« –, dann wird unser Leben und unser Erfahrungsfortschritt durch die »Entscheidungs-Mechanismen« des Verstandes gelenkt, die aber eigentlich keine »freien« Entscheidungen (*Aktion/agieren*) zulassen, sondern immer nur zwischen den zwei Seiten der Wahrnehmungen hinundherpendeln (*Reaktion/reagieren*).

Wenn Sie eine schmale Münze auf die Kante stellen, wird sie immer auf die eine oder die andere Seite fallen. Das ist zwar keine tiefgreifende Erkenntnis, aber der Verstand arbeitet nach dem gleichen Prinzip, und dies wäre schon eher eine tiefgreifende Erkenntnis. Niemand würde auf die Idee kommen, zu sagen, daß sich die Münze »entschieden« hätte, auf die jeweilige Seite zu fallen; weil sie nämlich gar kein Wahl hatte, als umzufallen – zu reagieren. Und genauso funktioniert auch der Verstand; er hat an sich gar keine Wahl, als seine Konzentration entweder auf den einen oder auf den anderen Pol einer Wahrnehmung zu richten.

Er funktioniert also *reaktiv*. Er *reagiert* lediglich auf die äußeren Wahrnehmungen.

Wenn wir also unserem Verstand die Entscheidungen überlassen, führen wir ein reaktives Leben. Wir sind dann ständig *Wirkung*; Wirkung von äußeren Einflüssen. Und das ist es, was wir bereits im ersten Kapitel kennengelernt haben!

Ein spirituelles Leben ist erst in dem Maße möglich, wie wir lernen, unsere Aufmerksamkeit zu kontrollieren und damit *aktiv* zu sein. Wir sind dann nicht mehr Wirkung, sondern *Ursache*. Und erst dadurch ist kontrolliertes spirituelles Wachstum möglich. Wir nehmen unser Leben, d.h. den Fortlauf der für unsere *Selbst*-erkenntnis notwendigen Erfahrungen, *Selbst* in die Hand und befreien uns von den Begrenzungen der materiellen Polarität.

Es ist jetzt auch leicht zu sehen, welche Rolle der Verstand im Ablauf des kreativen Prozesses hat.

Er *kann* sehr wohl die Quelle eines Kunstwerkes sein! Denn er verfügt über ein – wenn auch reaktives – Entscheidungs- und Aktionsvermögen. Das auf diese Weise geschaffene Kunstwerk spiegelt dann den reaktiven Bewußtseinszustand des Künstlers wider und wird beim Betrachter oder Zuhörer eine entsprechende Wirkung haben.

Dennoch ist der Verstand strenggenommen nicht die Quelle an sich; denn er ist selbst nur ein Instrument, eine Ausdrucksform. Eine Ausdrucksform des *Selbst*. Das *Selbst* als raum- und zeitunabhängiges Sein, als Quelle des Lebens, als *Leben* an sich, ist die eigentliche Quelle der Kreativität.

Das *Selbst* ist die *Ursache* an sich.

Auch wenn Kunst durch den Verstand reaktiv »verursacht« worden ist und somit vielleicht auch als »negative« Kunst bezeichnet werden könnte, bleibt dies letztlich ein Ausdruck des *Selbst* auf seiner Reise zu sich *Selbst*.

Wir verstehen jetzt auch, was »positive« Kunst sein könnte: der Ausdruck des *Selbst* auf eine direkte Weise, ohne Verfälschung durch einen unkontrollierten Verstand – der harmonische Klang des *Seins* durch ein wohlgestimmtes Instrument oder besser: durch eine Reihe von wohlgestimmten Instrumenten, durch das Orchester der menschlichen Körper.

Hierin liegt das Geheimnis der Faszination großer Meisterwerke. Durch das wirklich meisterliche (positive) Kunstwerk wird das *Selbst* gespiegelt und im Betrachter oder Zuhöher wie eine Saite zum Klingen gebracht. Dieser Klang ist die *Schwingung* des *Selbst*, die Schwingung der spirituellen Kraft, die wir als *Licht* und *Ton* wahrnehmen können. Deshalb findet die Kunst ihren Ausdruck immer im Licht oder Ton.

Deshalb kann es eine spirituelle Übung sein, sich einem positiven Kunstwerk zu öffnen und es einfach wirken zu lassen.

Machen Sie sich hieraus wirklich eine Übung! Beginnen Sie vielleicht damit, positive Kunstwerke von negativen zu unterscheiden. Sie schulen dadurch Ihr Unterscheidungsvermögen und die Kontrolle Ihrer Aufmerksamkeit.

Wenn Sie dann ein positives Kunstwerk gefunden haben – auch manche negativen Kunstwerke haben positive Stellen –, lassen Sie es wirken. Schauen Sie sich ein Gemälde oder eine Skulptur an, oder hören Sie sich ein Musikstück an. Was auch immer. Und lassen Sie Ihr *Selbst* von der darin enthaltenen Kraft berühren und anheben.

Gehen Sie ins Museum oder in eine Galerie, und machen Sie daraus ein spirituelles Abenteuer!

Wie Sie gemerkt haben, haben wir wieder einen Sprung auf die nächsthöhere Ebene des Bewußtseins gemacht, um den goldenen Faden der Kreativität weiterverfolgen zu können. Wir befinden uns jetzt außerhalb von Raum und Zeit auf einer Ebene, die gleichzeitig eine Nicht-Ebene ist und die wir Ebene des *Selbst* nennen könnten, um es dem Verstand leichter zu machen, dieses für ihn Unwahrnehmbare anzunehmen.

Lassen Sie uns jetzt den Prozeß der Kreativität noch einmal vor Augen führen, aber dieses Mal in der »richtigen« Richtung: von innen nach außen.

Wo liegt der Anfang? In der *Gesamtheit des Selbst* oder im Gottbewußtsein, wenn wir diesen Begriff verwenden wollen. Was geschieht dann?

Das *Selbst* kreiert Raum und Zeit, Materie und Energie, um einen Wirkungsbereich für *seinen* Ausdruck zur Verfügung zu haben – dieser Wirkungsbereich ist die Gesamtheit unseres äußeren und inneren Universums. In diesem Universum realisieren wir uns als *Selbst* und schließlich auch als ein individualisierter Teil der *Gesamtheit des Selbst* oder des Gottbewußtseins.

Dies geschieht durch den Ausdruck und dessen Wahrnehmung und Realisation. Dies bedeutet, daß das *Selbst*, um sich in seiner Gesamtheit erfahren zu können, sämtliche (!!) Aspekte seines Seins zum Ausdruck bringen muß. Das bedeutet, daß jeder Ausdruck in diesem Universum ein Ausdruck des *Selbst* ist; ein Ausdruck der *Gesamtheit des Selbst*.

Die *Gesamtheit des Seins* ist deshalb in diesem Universum vollständig zum Ausdruck gebracht. Das ist die Schöpfung.

Diese Schöpfung ist deshalb bereits *jetzt vollendet!* Sie ist vollendet, und unsere Aufgabe ist es, uns in ihr wiederzuentdecken.

Denn wir *sind* die Schöpfung. Jeder auf seine individuelle Weise. Die kreative Kraft wird auch schöpferische Kraft genannt und nicht etwa

»Schaffens«-Kraft. Durch den kreativen Prozeß wird demnach nicht etwas Neues ge*schaffen*, sondern etwas bereits Vorhandenes (!!) erkannt und realisiert. Die *schöpferische* Kraft *schöpft* aus der vorhandenen (!!) Gesamtheit des Ausdrucks.

Eines Ausdrucks, der natürlich nicht auf jeder Ebene schon vorhanden sein muß. Er ist in vielen Fällen nur auf den inneren Ebenen als Ausdruck vorhanden, und die Kunst ist es, den Zugang zu diesen inneren Welten zu finden und die im Inneren bereits vorhandenen Formen des *Selbst* auf andere Ebenen zu spiegeln.

Die Inspiration eines Künstlers ist nichts anderes als die – manchmal unbewußte – Wahrnehmung der inneren Realität. Das *Selbst* benutzt die Instrumente des Künstlers, oftmals ohne dessen bewußte Wahrnehmung, um *sich* zu erfahren.

Je reiner diese Instrumente sind, desto reiner kommt das Göttliche des *Selbst* zum Ausdruck.

Es ist bekannt, daß viele Künstler ihre »Inspirationen« im Traumzustand oder in tranceähnlichen Zuständen erhalten haben. Innere Wesen – innere Meister – begleiten diese Transformationen oft mit Schutz und Führung.

Die Muse, die mit ihren »Küssen« einen Künstler inspiriert, ist eine poetische Darstellung der inneren Führung eines Künstlers durch einen Meister oder spirituellen Lehrer.

Was ist dann eigentlich ein Künstler? Was ist Kunst? Ein Künstler ist ein *Selbst*, das sich durch den Ausdruck seiner inneren göttlichen Aspekte erkennt. Der Ausdruck dieser göttlichen Aspekte ist Kunst. Jedes *Selbst* tut dies, denn das ist die Funktion der Schöpfung, der Sinn äußerer Lebensformen. Also: Jedes *Selbst* ist ein Künstler.

Jeder Ausdruck ist Kunst. Dies gilt für den Maler und Bildhauer genauso, wie für den »Erfinder« (der eigentlich »nur« ein Entdecker ist), den Arbeiter oder die Hausfrau. Alle sind Künstler. Manche sind negative Künstler, manche sind positive Künstler; viele liegen irgendwo dazwischen.

Jeder Vorgang des Ausdrucks und der Erfahrung, sei es im Beruf, in der »Frei«-Zeit oder in welchen Lebenssituationen auch immer, ist ein Vorgang der Kreativität, ist *Kunst*.

Auch Sie sind ein Künstler oder eine Künstlerin; und nachdem Sie dieses Buch gelesen *und erfahren* haben, sind Sie hoffentlich ein positiver Künstler oder eine positive Künstlerin.

Der Streit um die »richtige« Kunst findet nur im Verstand statt und ist nichts anderes als ein Streit um Bewertungen. Der Verstand wird hier nie zu einer »richtigen« Lösung finden, denn eine »richtige« Lösung gibt es nicht. Der Verstand mit all seinen Wertmustern ist selbst ein Kunstwerk, und ein Kunstwerk kann nicht über ein anderes Kunstwerk urteilen und entscheiden, ohne sich in unlösbare Widersprüche zu verwickeln.

Die Schöpfung – in allen Bereichen des Seins – entwickelt sich von innen nach außen, von »oben« nach »unten«.

Alles Innere muß sich im Äußeren ausdrücken. Dies heißt nicht, daß wir alle Aspekte unseres *Selbst* in die physische Welt ausdrücken oder sämtliche Erfahrungen in der physischen Welt machen müssen. Dies heißt lediglich, daß wir die Erfahrungen auf einer Ebene des Ausdrucks machen müssen; dies kann auch eine der inneren Ebenen sein.

So kann man z.B. eine Reihe von Erfahrungen im Traum machen oder während der Kontemplation. Es gibt Komponisten, die ihre Musik im Traum gehört und dann »nur noch« aufgeschrieben haben. Ich selbst habe schon viele unbekannte Konzerte gehört, aber da ich Noten weder schreiben noch lesen kann, werden diese Konzerte wohl noch eine Weile un-erhört bleiben.

Ein Freund sagte einmal, daß er die schönste Torte seines Lebens im Traum gegessen habe. Der Erfahrungsinhalt wird dadurch keinesfalls vermindert!

Nach dem Prinzip der Schöpfung findet jeder innere Aspekt des Seins seinen Ausdruck im Äußeren. Die Konsequenz davon ist, wie wir schon häufiger gesehen haben, daß wir »nur« unser Inneres zu ändern brauchen, um unsere äußeren Lebensumstände zu ändern. Das Innere heißt nichts anderes, als die schöpferische Kraft unserer Aufmerksamkeit auf einen anderen – vielleicht positiven – Teil unseres *Selbst* zu richten und zu erleben.

Die Verlagerung der Aufmerksamkeit ist der Schlüssel zur Transformation der inneren Zustände des Seins in die verschiedenen Ebenen bis hin zu der uns vertrauten, aber in ihrer Dimension so oft mißverstandenen physischen Ebene.

Die Verlagerung der Aufmerksamkeit ist die Art und Weise, in der sich das *Selbst* in diesen Welten bewegt und Erfahrungen macht. Die Erfahrung ist die ureigene Funktion der Kreativität. Da wir in jedem Moment unsere Aufmerksamkeit irgendwo haben und in jedem Moment Erfahrungen machen, sind wir in jedem Moment unseres Lebens kreativ.

Dies zu erkennen und in unserem Leben anzuwenden, ist die *Kunst der Kreativität*.

12. Kapitel
»Freiheit und Ethik«

Freiheit ist der Bewußtseinszustand der vollkommenen Erfahrung des *Selbst* und des Gottbewußtseins.

Freiheit ist damit ein Begriff für einen nicht-dualen Zustand und wird dadurch zu einem Synonym für *Selbst*, spirituelle Kraft, und Gottbewußtsein.

Freiheit läßt sich ebenso wie das *Selbst* innerhalb der dafür geschaffenen Welten der Polarität zum Ausdruck bringen. Indem dies geschieht, entsteht der Gegenpol der Unfreiheit. Dadurch werden die Begriffe Freiheit und Unfreiheit für den Verstand wahrnehmbar, aber in ihrer Dimension auch begrenzt.

Häufig erkennt man eine Sache erst durch ihr Gegenteil, wie z.B. Freiheit durch Unfreiheit. Wenn wir vielleicht auch keine konkrete Vorstellung von Freiheit haben, so wird doch jeder von uns eine Reihe konkreter Erfahrungen mit Unfreiheit gemacht haben.

Wir wissen, daß der Freiheit im physischen Bereich Grenzen gesetzt sind durch die materiellen Gesetze der Natur. Wir fühlen, daß wir unsere Emotionen nicht immer unter Kontrolle haben und damit im gewissen Sinn unfrei sind, nach Belieben zu fühlen. Und wir machen ständig die Erfahrung, daß die Gedanken ein scheinbar unkontrollierbares Eigenleben führen.

Wir kennen die Zwänge des Alltagslebens und die scheinbare Unerfüllbarkeit unserer Wünsche. Und wir fühlen uns unfrei in der Unausweichlichkeit des Todes, der uns mit Angst erfüllt, die uns wieder ein Stück weiter in die Unfreiheit führt.

Wenn wir uns einmal unsere Vorstellungen von der Unfreiheit anschauen, werden wir feststellen, daß wir wieder eine stattliche Sammlung von Verstandesmustern und höchst seltsamen Selbstbildern zusammentragen können.

Und darin liegt das eigentliche Wesen der Unfreiheit. Wir nehmen den

Zustand der Unfreiheit an, indem wir unserem Verstand erlauben, ein an die Erscheinungsformen des *Selbst* gebundenes Eigenleben zu führen.

Der Zauberlehrling, der die Geister rief und sie dann nicht mehr los wurde, ist wie das *Selbst*, das sich Instrumente des Ausdrucks schuf, und dann die Kontrolle darüber verloren hat.

Der Verlust der Kontrolle über die Aufmerksamkeit ist das Wesen der Unfreiheit. Oder positiv dargestellt: Das Erlangen der Kontrolle über die Aufmerksamkeit ist das Wesen der Freiheit.

Und damit ist alles gesagt. Wenn wir die vollständige Kontrolle über unsere Aufmerksamkeit und damit über uns *Selbst* erlangt haben, befinden wir uns im Zustand der Freiheit. Nichts kann uns dann hindern, wir *Selbst* zu sein. Auch wenn wir noch in einem physischen Körper leben.

Die Grenzen der Instrumente sind keine Grenzen für das *Selbst*. Der Tod ist eine Illusion, die leicht durchschaut und als bloßer Wandel der äußeren Erscheinung erkannt wird. Das Altern dieser Erscheinungsform ist für das *Selbst* unbedeutend, da es jederzeit eine neue beliebige Form annehmen kann.

Das einzige, was für das *Selbst* zählt, ist das Überleben in diesen Welten, um sämtliche Erfahrungszustände zu realisieren. Dieses Überleben ist abhängig von der Fähigkeit, ein Instrument der spirituellen Kraft zu sein. Angst verstimmt dieses Instrument. Angst vor dem Sterben ist deshalb der sicherste Weg in den Tod – auch im spirituellen Sinne.

Angstfreiheit oder Freiheit an sich führt automatisch zu einem ungestörten Strom spiritueller Kraft, die unser Überleben sichert – auch im materiellen Sinne. In dem Maße, wie wir Freiheit erlangen, werden wir zum Herrscher unseres eigenen Universums. Wir erlangen Macht über das *Selbst* und die Welt um uns herum.

Der letzte große Test, ob wir wirklich frei sind, besteht darin, der Versuchung der Macht zu widerstehen. Erst dann, wenn wir den letzten Rest des menschlichen Bewußtseins losgelassen haben, sind wir frei. Dieser letzte Rest ist Angst. Die Angst, mit dem Loslassen des menschlichen Bewußtseins nicht mehr wir *Selbst* zu sein; eine verhängnisvolle Angst, denn sie ist es, die uns in Wirklichkeit daran hindert, wir *Selbst* zu sein. Wenn wir die sichere Erfahrung haben, daß wir als *Selbst* unsterblich sind und die Kontrolle über unsere Aufmerksamkeit beherrschen, können wir alles tun oder auch nichts.

Das menschliche Bewußtsein ist dann ein perfektes Instrument. Als Instrument kann es nichts tun. Der Verstand kann nichts tun! Dies anzunehmen und zu leben ist einer der größten Schritte, die wir machen können, aber auch einer der schwersten.

Als *Selbst* können wir aber alles machen, was wir *wollen*, da wir vollkommen frei sind und unsere Instrumente beherrschen. Mit »alles« ist auch wirklich *alles* gemeint. Kein Naturgesetz ist fest genug, unserer Kraft zu widerstehen. Wir sind der Schöpfer unseres Universums. Aber: was werden wir mit dieser Macht machen *wollen*, wenn wir vollkommen losgelöst sind von den Maßstäben der materiellen Welten? *Wollen* wird zu einem Begriff, der nicht mehr mit den Wertmustern des Verstandes zu verstehen ist und mit einem zielgerichteten polarisierten Verhalten nichts mehr zu tun hat.

Das *Selbst* nimmt einen Zustand des Nicht-Wollens ein oder positiv ausgedrückt: einen Zustand des *Habens*. Es besteht keine Notwendigkeit mehr, etwas zu wollen, weil wir aus dem Bewußtsein des freien Seins heraus jeden Zustand einnehmen können. Dies ist kein imaginäres Wunschdenken, sondern Wirklichkeit, da wir *jeder Zustand sind*.

Die Wirklichkeit ist äußerst *einfach*, aber in dieser Einfachheit liegt die Schwierigkeit, die nur wenige je überwinden werden.

Freiheit bedeutet demnach auch Freiheit von Notwendigkeiten. Nicht etwa, weil man alles hat, sondern weil man das Bewußtsein, etwas zu benötigen, aufgegeben hat.

Alles in diesem Universum ist Bewußtsein. Wir sind Bewußtsein. Deshalb sind wir *alles*.

Wir haben die Freiheit, aus allem das für uns Richtige zu wählen. Das ist die Freiheit der Wahl, die es uns ermöglicht, alles zu tun und alles zu sein. Die moralische Frage, ob man etwas nur für sich tun darf oder ob man dabei auch immer an die Wünsche der anderen denken muß, verliert an Bedeutung; denn die Polarität zwischen dem Ich und dem Du hat keine Wirklichkeit mehr.

Was für einen *Selbst* gut ist, ist auch für andere gut. Und umgekehrt. Moral ist ein Ausdruck des menschlichen Bewußtseins und entspringt dem dualen Wertesystem des reaktiven Verstandes. Moral erfüllt keine Überlebensfunktion für das *Selbst*. Nur für den Verstand ist Moral ein wichtiger Baustein in seinem Weltbild, da Moral im gewissen Sinn als

Ausdruck der Ordnung und Harmonie des inneren Universums angesehen werden könnte. Nur erhält diese Betrachtung eine umgekehrte, d.h. negative Bedeutung, in dem Maße, wie der Verstand sich verselbständigt. Moral wird dann zu einem Instrument des Zwangs, das die betroffenen Menschen, die Moral annehmen, in der Spannung der Polarität bindet und das spirituelle Wachstum verhindert. Moral wird deshalb mit dem Überwinden der Polarität losgelassen.

Dennoch entsteht kein Chaos, wie manche es befürchten könnten.

Denn das *Selbst* ist *Ordnung* in sich *Selbst*. Jeder einzelne ist ein Teil der Gesamtheit des Bewußtseins, und alle Teile fügen sich genau ineinander; müssen sich genau ineinanderfügen, da es ein Nicht-Fügen im Sinne der Polarität nicht gibt. Deshalb funktioniert das Gesetz des Karma mit unheimlicher Präzision; weil es keine andere Möglichkeit gibt als perfekt zu funktionieren. Weil *ein* Bewußtsein nicht anders als in sich perfekt sein kann, auch wenn unbegrenzt viele Einzelzustände daran beteiligt sind: denn jedes Einzelbewußtsein trägt die Ordnung des Ganzen in sich. Aus dieser Ordnung fließt eine Ethik, die für den Verstand nicht wahrnehmbar ist. Eine Ethik der Liebe und des Lebens.

Sie kann nicht erzwungen werden, wie dies mit Moral versucht wird. Sie kann nur erfahren werden, wenn der einzelne sich im Bewußtsein auf diese Erfahrungsstufe entwickelt hat. Sie *darf* nur erfahren werden, wenn der einzelne es *verdient* hat. Sie ist Ausdruck eines inneren Zustandes. Nicht umgekehrt. Niemand kann einen höheren Bewußtseinszustand erreichen, indem er nur die äußere Erscheinungsform dieses Zustandes annimmt. Niemand wird Ethik erfahren, indem er nur äußere Regeln befolgt.

Wie die Schöpfung von innen nach außen oder von oben nach unten wirkt, so kann die Entwicklung äußerer Erfahrungszustände nur von innen her geschehen. Es gibt Menschen, die glauben, daß sie durch eine bestimmte Ernährungsweise oder durch bestimmte regelmäßig durchgeführte Rituale zu höheren Bewußtseinszuständen gelangen können.

Täuschen Sie sich nicht! Dies ist die falsche Richtung. So funktioniert die Schöpfung nicht. Wenn Sie wirklich glauben, daß Ihnen äußere Rituale einen Fortschritt gebracht haben, dann liegt das daran, daß Sie bereits vor der Durchführung dieser Rituale ein verändertes und dafür geöffnetes Bewußtsein entwickelt hatten. Ohne es zu merken. Und jetzt merken Sie es und halten es für eine Folge der äußeren Handlungen, obwohl die Entwicklung genau umgekehrt verlaufen ist. Es kann nur von innen nach außen gehen, denn wie sollen wir etwas äußeres – also vom *Selbst* ausgedrücktes – annehmen können, wenn es nicht durch uns *Selbst* ausgedrückt worden ist?

Die Möglichkeiten, sich selbst zu täuschen (kleingeschrieben; denn das *Selbst* kann man nicht täuschen) sind unbegrenzt, und erst, wenn wir die Begrenztheit unserer Wahrnehmung überschritten haben, werden wir die Wirklichkeit ohne den Filter der Polarität realisieren können.

Achten Sie darauf, daß die Durchführung der hier vorgeschlagenen Übungen nicht zu einem Ritual wird! Dies kann nur geschehen, wenn Sie sich selbst über Ihren spirituellen Fortschritt täuschen. Seien Sie deshalb selbstehrlich, und überprüfen Sie regelmäßig Ihre Entwicklung.

Die innere Wandlung zur schrittweisen Realisation des *Selbst* bringt auf natürliche Weise eine Ethik zum Ausdruck, die zum Wohl des Ganzen wirkt, ohne uns sozialmoralische Begrenzungen aufzuerlegen. Wahre Ethik führt immer zur Bewußtseinserweiterung und ist immer positiv.

Wenn Sie unter Moral oder gesellschaftlichen Werten leiden, ist dies ein Zeichen dafür, daß diese Werte zu einem negativen Zweck errichtet und aufrechterhalten worden sind. *Und* daß Sie noch nicht gelernt haben, Ihre eigene Ethik zu entwickeln. Die Betonung liegt hierbei auf *eigene*, denn wie auch der schon oft angesprochene *eigene Maßstab*, ist die spirituelle Ethik eine höchst individuelle Angelegenheit. Es kann nie ein allgemeines Gerüst von Regeln und Werten geben, das allen paßt, weil die Erfahrungsmöglichkeiten dieses Universums unbegrenzt sind. Deshalb müssen die Regeln und Werte ebenfalls unbegrenzt sein. Diese Unbegrenztheit der Regeln und Werte für die »richtige« Lebensweise in jeder Situation ist der individuelle Maßstab, der in jedem Moment eine eigene, einzigartige und auf die konkrete und ebenso einzigartige Situation zugeschnittene Verhaltensweise hervorbringt. Zum Wohl des Ganzen!

Die *Selbstrealisation* ist ein natürlicher Zustand, der uns solange verschlossen bleibt, solange wir noch den kleinsten Wunsch nach unnatürlichen – d. h. phänomenalen – Erlebnissen haben.

Alles was Sie in diesem Buch als Anregungen erhalten haben, ist auf natürliche Weise erfahrbar; denn das *Selbst* ist ein völlig normaler und natürlicher Zustand. Wir müssen nichts hinzutun, um *Selbst* zu sein. Wir sind *Selbst* in jedem Moment. Was uns hier deutlich wird, ist die Notwendigkeit, Haltungen zu ändern und Bindungen loszulassen, um dieses *Selbst* zu erfahren. Dieses *Selbst* ist *jetzt* schon da! Dieses *Selbst sind Sie!*

Es ist nicht zu verstehen, wie Menschen auf die Idee kommen können, dieses *Selbst* auf eine andere als eine natürliche Weise erfahren zu wollen. Vielleicht hat dies mit dem Bewußtsein zu tun, etwas erhalten zu wollen, ohne dafür zu geben.

Die Natürlichkeit ist das Einfache an der spirituellen Entwicklung, aber auch das Schwierige, weil wir eine Veränderung immer erst dann merken, wenn sie auf drastische Weise in unser Leben tritt. Das Leise und Unscheinbare, das das Wesen einer schrittweisen und natürlichen Entwicklung ist, wird oft übersehen. Und wir meinen dann, daß nichts geschieht. In Wirklichkeit ist es völlig unmöglich, sich nicht spirituell zu entfalten!

Unser Leben ist ein Ausdruck des *Selbst* auf seiner Reise zur Realisation des Seins. Jede Sekunde unseres Lebens ist deshalb eine spirituelle Erfahrung. In jeder Sekunde setzen wir durch unser Leben, durch den nach außen fließenden Strom der durch uns wirkenden spirituellen Kraft Ursachen, die uns und unser Universum verändern. Jede Veränderung ist eine Erfahrung. Jede Erfahrung ist ein Mosaikstein im Wesensbild des *Selbst*. Jede Erfahrung ist deshalb eine spirituelle Erfahrung. Jede Sekunde ist deshalb angefüllt mit spiritueller Entfaltung. Jede Sekunde bringt uns die Freiheit des Seins näher.

Dies mag vielleicht unwahrscheinlich klingen; für den Verstand ist es das auch, aber wenn Sie sich Zeit nehmen und mit Geduld, Schritt für Schritt, ganz langsam die beschriebenen Übungen oder die von Ihnen *Selbst* entwickelten Übungen anwenden, werden Sie nach einer Weile rückblickend feststellen, daß Sie ein Stück mehr Sie *Selbst* sind.

Wenn es heißt, daß wir alles tun können, dann muß hier auch eine *Warnung* ausgesprochen werden. Wir haben gewiß die Wahl, ob wir unsere negativen Aspekte zum Ausdruck bringen wollen oder unsere positiven. Aber dennoch haben wir keine echte Wahl. Denn aufgrund des Gesetzes von Ursache und Wirkung können wir nur dann die Erweiterung des Bewußtseins erfahren, wenn wir hierfür die richtigen Ursachen setzen, d.h. Ursachen, die ausschließlich eine bewußtseinsöffnende Wirkung für uns haben.

Wir haben also keine andere Wahl, als positive Ursachen zu setzen. Wir setzen positive Ursachen, indem wir die Bindungen und Identifikationen des Verstandes loslassen und das *Selbst* entscheiden lassen. Seien Sie auch hier vor der Selbsttäuschung auf der Hut. Es ist leicht und bequem, sich etwas vorzumachen. Die wirkliche Anwendung der spirituellen Prinzipien ist harte und disziplinierte Arbeit.

Niemand kann sich aus der Verantwortung für eine negative Ursache herausmogeln. Auch wenn der andere, dem wir durch unser Verhalten eine negative Erfahrung vermittelt haben, dies offensichtlich selbst mitverursacht hat und diese Erfahrung scheinbar braucht, tragen *wir* die Verantwortung für diesen Teil daran. Genauso tragen wir die Verantwortung für negative Ursachen, deren Ausführung uns von Vorgesetzten aufgezwungen wird. Sicher trägt auch der Befehlsgeber die Verantwortung mit, aber er trägt *seine* Verantwortung, und wir tragen *unsere* Verantwortung.

Dies klingt etwas kompliziert, und vielleicht bekommt der eine oder andere Angst, überhaupt noch etwas zu verursachen. Machen Sie es sich so leicht wie möglich – die spirituelle Entfaltung ist schwer genug – und leben Sie Ihr Leben ohne Angst vor den Erfahrungen, die auf Sie zukommen werden. Jede Erfahrung ist für Sie richtig.

Jede Erfahrung bringt uns mehr Selbstverantwortlichkeit, die wir nicht etwa als Last empfinden werden, sondern als Freude und Spaß; denn die Verantwortung für das eigene *Selbst* ist das Wesen der *Freiheit*.

Die spirituelle Freiheit wird Ihnen mit Sicherheit Spaß machen. Falls nicht, wäre es ratsam, dieses Buch noch einmal von vorne zu lesen.

13. Kapitel
»Die spirituellen Techniken«

Als ich vor über 10 Jahren auf der Suche nach dem für mich richtigen Weg war, wollte ich vor allem immer nur wissen, *wie* man es macht und welche *Techniken* es gab, sich *Selbst* oder Gott zu erfahren oder was es da im Inneren auch immer zu erfahren gab.

Ich wußte, daß es da etwas gab; ich wußte aber nicht was. Ich wollte nur die Techniken dazu wissen, den Schlüssel zum inneren Geheimfach. Aber niemand konnte mir Techniken geben! Zumindest konnte mir niemand Techniken nennen, mit denen ich etwas anfangen konnte.

Ich hatte die Erwartung, daß es eine Art Trick gab, wie z. B. eine bestimmte körperliche Übung oder ein geheimes Zauberwort, das man wie ein »Sesam-öffne-Dich« verwenden konnte.

Niemand schien je von einem solchen Trick gehört zu haben. Die einen gaben mir den Rat, zu beten und den Herrn um Erlösung zu bitten!? Wie sollte *das* denn gehen? Andere meinten, ich sei schon erlöst und brauchte gar nichts mehr zu tun! Wenn dem tatsächlich so war, wollte ich es aber wenigstens richtig erfahren. Aber *wie?* Das sagte man mir nicht! Noch andere meinten, nur durch langes und geduldiges Üben könnte das *Selbst* erfahren werden! Ja, das war mir auch klar, aber *welche* Übungen sollte man lange und geduldig üben? Ich verlor langsam meine Geduld.

Geht Ihnen das vielleicht auch so? Gut! Dann kann ich Sie beruhigen: Es gibt nämlich solche Techniken überhaupt nicht!! Kann es auch gar nicht geben! Denn wir sind wir *Selbst* zu jeder Tages- und Nachtzeit ohne Unterbrechung. Wir brauchen deshalb keine Techniken, um wir *Selbst* zu werden. Wir *sind* es schon. Was wir brauchen, sind Hilfen und Anregungen, diese Realität wahrzunehmen. Das spirituelle Wachstum ist lediglich eine Frage der Wahrnehmung. Und das erforderliche Wahrnehmungsvermögen können wir mit Hilfe ganz einfacher Übungen entwickeln. Man geht dabei genauso vor, wie beim Lernen eines Musikinstrumentes oder eines Spiels.

Es ist im Grunde auch nichts anderes als ein universales Spiel. Die Regeln gelten für alle, nur jeder Mitspieler macht andere Züge. Und irgendwann ist das Spiel zuende und – jeder hat gewonnen. Denn bei diesem Spiel gibt es nur Gewinner.

Richtig müßte es heißen, daß dieses Spiel eigentlich nie an ein Ende kommt; es wird nur irgendwann unser geschaffenes Universum verlassen, so daß der Eindruck entstehen könnte, daß das Spiel nun zu Ende sei. In Wirklichkeit geht es immer weiter. Und jeder Moment ist der Gewinn.

Die Suche nach Techniken, nach einem »Sesam-öffne-Dich« – das Märchen von Ali Baba hat hier sicher, wie das für Märchen üblich ist, einen Ausschnitt der menschlichen Realität eingefangen –, drückt das Unbehagen und die Unfähigkeit des Verstandes aus, sich selbst als Ausdruck eines höheren Bewußtseins zu akzeptieren. Deshalb muß es wohl einen Trick geben. Man wird ihn natürlich nie finden, und das beruhigt den Verstand. Irgendwie muß er wohl wissen, daß es keinen Trick gibt und uns absichtlich auf eine falsche Fährte locken, damit sein Ruf und seine Wichtigkeit nicht durch etwas »Höheres« gefährdet werden.

Das ist aber keineswegs ein Zeichen für den schlechten Charakter des Verstandes; denn das ist seine Funktion, die ihm von seinem Schöpfer gegeben worden ist. Und der Schöpfer sind wir *Selbst*.

Würden wir unter dem Verstand leiden, so würden wir unter einem Aspekt unseres *Selbst* leiden und damit der Schöpfer dieses Leids selbst sein. Aber wenn wir der Schöpfer des Leides sind, dann können wir dieses Leiden auch wieder beenden und durch eine positive Schöpfung ersetzen.

Solange uns das bewußte Erkennen dieser uns eigenen Schöpferkraft fehlt und wir Wirkung unserer eigenen Ursachen sind, befinden wir uns genau dort, wo uns der Verstand aufgrund seiner Funktion haben will. Genaugenommen kann der Verstand nicht im ursprünglichen Sinne *wollen*; er führt nur das aus, was ihm durch *uns* in Gestalt eines unbewußten Schöpfungsaktes eingegeben worden ist. Deshalb sind *wir* es im Grunde, die uns *Selbst* den Funktionen des Verstandes aussetzen.

Wenn wir also Wirkung unserer eigenen Ursachen werden, ohne zu erkennen, daß wir *Selbst* der Schöpfer der Lebensumstände sind, dann befinden wir uns in einer zirkulären Warteschleife, in einer Sackgasse, in einer Falle. Der Verstand reibt sich die Hände, denn er kann nun munter weitermachen und seine Werte und Muster aufbauen und Karteien anlegen und beurteilen und bis in alle Ewigkeit die Dinge in Millionen von Einzelteilen zerlegen, bis vom Ganzen nichts mehr übrig ist.

Aber nicht nur der Verstand reibt sich die Hände, sondern auch *wir!* Denn wir haben jetzt dadurch, daß der Verstand dieses merkwürdige Eigenleben führt – sich gewissermaßen für uns opfert – die Möglichkeit, uns *Selbst* zu erfahren, indem wir anhand dieser verstandesmäßigen Hindernisse lernen, unsere Aufmerksamkeit zu kontrollieren. Dies ist das einzige Mittel, das die Funktionen des Verstandes in die für *uns selbst* richtigen Bahnen lenken kann. Und gleichzeitig ist dies das einzige Mittel, das uns die *Realisation* des *Selbst* eröffnet.

Wir könnten nie einen Gipfel ersteigen, wenn es den Berg nicht gäbe. Das klingt nicht besonders tiefgreifend; ist es aber doch, wenn wir bedenken, daß dies ein Sinnbild ist für die Notwendigkeit des reaktiven Verstandes. Wir könnten nie die Fähigkeit der kontrollierten Aufmerksamkeit erfahren und realisieren, wenn es den Verstand nicht gäbe, der für uns ständig neue Hindernissituationen und damit Lernerfahrungen schaffen würde.

Sämtliche Übungen haben demnach etwas mit der Kontrolle der Aufmerksamkeit zu tun. Besonders die Imaginationsübungen dienen dazu, denn sie helfen uns, die innere Wahrnehmung zu schulen und uns daran zu gewöhnen, daß es im Inneren tatsächlich etwas wahrzunehmen gibt.

Gleichzeitig haben diese Übungen einen Überlebenseffekt, da sie den Fluß der spirituellen Energie, der Lebenskraft, in Gang setzen und aufrechterhalten. Nur mit Hilfe dieser Kraft ist Leben überhaupt möglich. Nur mit Hilfe dieser Kraft ist deshalb spirituelle Entwicklung möglich. Spirituelle Entwicklung und Leben sind deshalb zwei Begriffe für ein und diesselbe Sache, für ein und dasselbe Bewußtsein.

Wir werden deshalb unsere Aufmerksamkeit auf Übungen lenken, die uns helfen, die Lebenskraft oder den kreativen Fluß in unserem Bewußtsein aufzubauen, und auf Übungen, die uns zum natürlichen Gebrauch der Aufmerksamkeit als Lebensinstrument des *Selbst* hinführen. Erwarten Sie also kein »Sesam-öffne-Dich«, sondern harte Arbeit an sich *Selbst*. Wenn Sie schon Übungen haben, die für Sie funktionieren, dann bleiben Sie bei diesen vertrauten Übungen. Probieren Sie Ihre Übungen vielleicht unter den hier genannten Blickpunkten aus. Experimentieren Sie. Scheuen Sie sich nicht, die hier genannten Übungen abzuwandeln und einige Übungen zu erfinden.

Im Gegenteil: Das ist es eigentlich, was Sie nach einer gewissen Zeit selbständig können sollten.

Entwicklen Sie Ihre eigenen einzigartigen Übungen, denn auch Sie sind einzigartig, und eine Übung, die es Ihnen ermöglichen soll, diese Einzigartigkeit zu realisieren, kann deshalb ebenfalls nur einzigartig sein. Eine Übung, die bei anderen funktioniert, muß bei Ihnen nicht auch funktionieren. In jedem Fall wird die Übung bei Ihnen *anders* wirken, da Sie ja auch anders sind als andere.

Die Einzigartigkeit des individuellen Bewußtseins erfordert auch einzigartige Methoden. Es gibt eben keine Übung für alle. Das wäre ja wieder das »Sesam-öffne-Dich«, das es aber nicht gibt.

In dem Maße, wie Sie Ihren eigenen Maßstab entwickeln, werden Sie auch Ihre eigenen Übungen finden und Ihre eigenen Erfahrungen machen und vielleicht auch Ihren eigenen inneren Meister finden. Gewöhnen Sie sich an den Gedanken, daß Sie für Ihr spirituelles Wachstum *Selbst* verantwortlich sind.

Zusammenfassend können wir drei Arten von Techniken unterscheiden:

1. Techniken, die den Fluß der spirituellen Energie verstärken *(Energie-Techniken)*,
2. Techniken, die unsere innere Wahrnehmungsfähigkeit entwickeln *(Wahrnehmungs-Techniken)* und
3. Techniken, mit deren Hilfe wir unsere äußeren Lebensumstände verändern können *(kreative Techniken)*.

Sämtliche dieser Techniken lassen sich auf ein Grundprinzip zurückführen: Die Annahme eines Bewußtseinszustandes.

Spirituelle Entfaltung bedeutet immer, daß wir von einem Bewußtseinszustand in einen anderen hineinwechseln. Wenn wir eine »Technik« anwenden, sei es eine Technik zur Erzeugung spiritueller Energie, zur Wahrnehmung der inneren Welten oder zur Veränderung unserer äußeren Lebenssituationen, geschieht im Prinzip immer das gleiche: Wir verlagern unser Bewußtsein von einer Form des Ausdrucks in eine andere. Wir wechseln die Bewußtseinszustände. Ein Beispiel: Der Zustand des

Stillstands spiritueller Energie ist *ein* Bewußtseinszustand, vom dem wir uns lösen und in den Zustand der Bewegung und des Flusses der spirituellen Energie hinüberwechseln können. Dies wäre dann der *andere* Bewußtseinszustand.

Mann und Frau, Gesundheit und Krankheit, Armut und Reichtum, positiv und negativ sind ebenfalls Beispiele für Bewußtseinszustände. Alles Denkbare (und Undenkbare) ist Bewußtsein. Das ist so wörtlich gemeint, wie es gesagt ist. Wenn Ihnen der Bus vor der Nase wegfährt, ist dies ein Bewußtseinszustand. Es gibt nichts, das nicht Bewußtsein ist. *Alles* ist Bewußtseins. (Auch ein Stein? Ja, sogar ein Stein!) Jedes Atom ist in seiner Grundstruktur Bewußtsein. Deshalb bedeutet jede Veränderung unseres Bewußtseins stets die Annahme eines neuen Bewußtseinszustandes. Jede Veränderung überhaupt, was auch immer es sein mag, ist die Annahme eines neuen Bewußtseinszustandes. Deshalb ist die Funktion einer Technik oder einer Übung immer das Annehmen eines (neuen) Bewußtseinszustandes.

Die Annahme eines neuen Bewußtseinszustandes erfolgt im wesentlichen durch zwei Methoden:

1. Die Imagination *(indirekte Methode)* und
2. Die Verlagerung der Aufmerksamkeit *(direkte Methode)*.

Wie funktioniert die Veränderung des Bewußtseins durch *Imagination?* Die Kraft der Imagination nennen wir auch Vorstellungkraft; d.h. wörtlich, daß wir uns etwas *vor*stellen. Wir schaffen im Inneren ein Bild, das wir im Sinne der Polarität als etwas durch uns Ausgedrücktes und damit als etwas von uns Getrenntes wahrnehmen.

Imagination funktioniert deshalb nur in den ausgedrückten Welten der Polarität. Durch das *Vor*-stellen eines inneren Bildes entsteht eine Situation der Polarität, d.h. der Spannung zwischen uns und der Ausdrucksform; eine Spannung zwischem dem Schöpfer und der potentiellen Schöpfung. In dieser Spannung ist die Kraft des kreativen Schöpfungsvorganges verborgen, der allen Lebensformen zugrundeliegt.

Diese polare Spannung ist es, die die ausgedrückte Schöpfung erst ermöglicht; durch diese Spannung wird das innere Bild in eine äußere Form manifestiert.

Die Kraft der Schöpfung, die dieser Spannung potentiell innewohnt und die die Veränderung der äußeren Strukturen des Lebens bewirkt, muß allerdings für den Schöpfungsvorgang erst noch freigesetzt werden. Dies geschieht dadurch, daß wir das Bild oder die Imagination mit Energie anfüllen.

Noch einmal: Durch die Imagination wird ein Bild geschaffen und damit ein Bewußtseinszustand (*alles* ist Bewußtsein).

Durch die Imagination wird gleichzeitig eine polare Beziehung zwischen uns (dem *Schöpfer*) und dem Bild oder dem neuen Bewußtsein (dem noch unausgedrückten *Objekt der Schöpfung*) geschaffen.

Wenn wir diese polare Beziehung zusätzlich mit Energie anfüllen, wird der potentielle Energiezustand der Spannung (die *Schöpfungskraft*) freigesetzt und der kreative Prozeß kann unaufhaltsam ablaufen (die *Schöpfung*).

Die Folge dieses Schöpfungsprinzips ist, daß jedes von uns kreierte Bild, jede Imagination, zu einer Manifestation im Äußeren führt, bzw. unweigerlich führen muß. Umgekehrt: Alles Äußere ist die Folge unserer Imagination.

Deshalb stimmt die Aussage: Alles, was uns in unserem Leben begegnet, wird durch unser Bewußtsein verursacht. Sämtliche Lebenssituationen werden durch uns *Selbst* geschaffen.

Man spricht deshalb auch von den imaginativen Welten, wenn man die Welten von Materie, Energie, Raum und Zeit meint. Dies ist auch der Grund, warum es in vielen religiösen Lehren heißt, daß diese Welten Illusion oder Maja seien.

Die *Imagination* ist deshalb das Grundprinzip der Schöpfung und damit der Schlüssel zur Veränderung unseres Bewußtseins. Da die *Imagination* nur im Bereich der ausgedrückten Schöpfung wirkt, also nicht direkt zum Kern des *Selbst* führt, sondern immer nur indirekt über den Ausdruck bestimmter, dem *Selbst* innewohnender Aspekte, können wir die Methode der *Imagination* auch als *indirekte* Methode bezeichnen.

Jeder kann imaginieren! Es gibt niemanden, der es nicht kann! Wir sind ständig dabei, uns im Bewußtsein zu entwickeln, auch wenn wir dies nicht immer erkennen. Wir wechseln ständig die Zustände unseres Bewußtseins. Um dies aber tun zu können, müssen wir die Imagination anwenden. Deshalb muß offensichtlich jeder imaginieren können.

Wir müssen die Imaginationsfähigkeit also nicht erst erlernen. Was wir lediglich erlernen müssen, wenn wir unsere Entwicklung bewußt und ursächlich weiterführen wollen, ist die *Kontrolle* über die Imagination und damit die Kontrolle über den Schöpfungsvorgang.

Der kontrollierte Gebrauch der spirituellen Energie (Schöpfungskraft) ist die *Meisterschaft* im spirituellen Sinne. Sie werden vielleicht einwenden, daß man viele Dinge im Leben überhaupt nicht *will*, sie also gar nicht willentlich imaginiert und diese Dinge aber trotzdem eintreten. Wenn alles Imagination ist, und zwar *unsere* Imagination, dann müssen wir wohl auch diejenigen Dinge imaginieren, die wir gar nicht wollen.

Aber wie geht das? Wir haben oben gesehen, daß der letzte Schritt des Schöpfungsaktes das Anfüllen unserer Imagination mit Energie ist, um den schöpferischen Prozeß in Gang zu setzen. Darin liegt die Antwort auf die Frage, warum häufig gerade die Dinge eintreten, die man gar nicht will.

Ein Beispiel: Nehmen Sie ein 50cm breites und vielleicht 5 Meter langes Brett, legen Sie es auf den Boden und balancieren Sie darüber hinweg, ohne herunterzufallen. Gibt's ein Problem? Nein? Gut, das war zu erwarten.

Was ist bei diesem kleinen Schöpfungsakt vor sich gegangen? Sie haben ein Bild oder eine Imagination geschaffen, wie Sie über das Brett balanciert und am anderen Ende angekommen sind, ohne herunterzufallen. Da das Brett auch breit genug war, hatten Sie nicht den geringsten Zweifel daran, daß Sie es schaffen würden. Diese *Überzeugung* und diese *Selbst-Sicherheit* haben den kreativen Prozeß ausgelöst; denn: *Überzeugung* und *Selbst-Sicherheit* sind Formen von Energie!

Sie haben also Ihre Imagination mit Energie in Form von *Überzeugung* angefüllt, und deshalb mußte sich Ihr Bild auch manifestieren. Sie hätten also unter diesen Umständen überhaupt nicht herunterfallen können!!

Stellen Sie sich nun vor, das Brett wäre in 30 Meter Höhe angebracht und Sie müßten jetzt darauf entlangbalancieren. Wie steht es jetzt mit Ihrer Überzeugung? Hat sie sich ins Gegenteil gewendet? Woran liegt das? Es liegt natürlich an Ihrer Imagination! Sie haben plötzlich das Bild vor Ihrem inneren Auge, daß Sie vom Brett herunterfallen könnten. Sie bekommen Angst. Sie »bekommen« sie eigentlich nicht, sondern Sie nehmen sie an. Sie füllen Ihre Imagination mit Angst an. Angst ist eine starke Form der Energie!

Diese Energie würde den kreativen Prozeß auslösen und Ihr Bild vom Herunterfallen müßte sich manifestieren. Unter diesen Umständen sollten Sie von dem Balance-Experiment besser Abstand nehmen.

Da Angst das Bewußtsein begrenzt, können wir hier auch von einer Form der negativen Energie sprechen.

Das Gesetz der Polarität funktioniert in einer vollkommen neutralen Weise. Es spielt keine Rolle, ob Sie Ihr Bild mit negativer oder positiver Energie anfüllen. Die Wirkung ist in jedem Fall die gleiche. Da Sie Ihre Imagination mit einer negativen Energie angefüllt haben, kann man hier auch von einer negativen Imagination sprechen.

Wodurch ist jetzt aber das Bild vom Herunterfallen geschaffen worden, wo es doch vorher, als das Brett noch am Boden lag, ganz selbstverständlich nicht vorhanden war? Wieso wurde aus Überzeugung plötzlich Angst? Die Antwort auf diese Frage liegt in der Reaktivität des Verstandes.

Vielleicht werden Sie sagen, daß wir auf unsere Angst keinen Einfluß haben, besonders in einer Situation, in der jeder normale Mensch Angst hat.

Angst ist ein Bewußtseinszustand, und wir sind gerade dabei festzustellen, daß wir *jeden* Bewußtseinszustand einnehmen können. Natürlich können wir einen »normalen« Bewußtseinszustand einnehmen, d.h. eigentlich einen »genormten« Zustand, der nicht unserem *Selbst* entspricht, sondern dem Kollektivbewußtsein der Gesellschaft, in der wir leben. Aber warum sollten wir das tun, wenn wir auch unsere eigenen individuellen Bewußtseinszustände einnehmen können?

Wir werden den Normzustand immer dann einnehmen, wenn wir keine Kontrolle über unsere Aufmerksamkeit haben. Das ist z.B. der Fall, wenn wir in bestimmten »genormten« Situationen »normal« *reagieren*; wie bei der Angst, über einen schmalen Balken in einer großen Höhe zu balancieren.

Reagieren heißt, daß wir nicht die Kontrolle über unser Bewußtsein haben und den Verstand nach dessen angenommenen Mustern entscheiden lassen. Wir sind dann Wirkung und nicht Ursache. Wir haben diesen Aspekt des Verstandes bereits in dem Kapitel über die Disziplin der Aufmerksamkeit kennengelernt.

Aus Überzeugung wird also deshalb Angst, weil wir Wirkung der äußeren Einflüsse sind. Man kann diese Art der Imagination deshalb auch reaktive Imagination nennen.

Es gibt also negative, reaktive Imaginationen an dem einen Pol der Bewußtseinsskala und positive, ursächliche Imaginationen an dem anderen Ende der Polaritätsskala. Dazwischen gibt es natürlich eine unbegrenzte Fülle von Varianten: negative, ursächliche oder positive, reaktive Imaginationen in allen erdenklichen Variationen bzw. Energiezuständen sowie eine unbegrenzte Anzahl von Zwischenzuständen.

Diese Zwischenzustände treten besonders dann auf, wenn wir zwischen Angst und positiver Überzeugung hin und herschwanken; wenn unser Bewußtsein einen Kampf zwischen Ursache und Wirkung führt. Dies ist das sogenannte Schlachtfeld des Bewußtseins, von dem so viele Philosophen gesprochen haben.

Eine positive, ursächliche Imagination wäre z.B., wenn wir uns vorstellen, wie wir sicher über den Balken gehen und am anderen Ende ankommen, ohne die geringste gegenteilige Wahrnehmung, ohne den geringsten *Zweifel*. Wenn wir dieses Bild nun noch mit positiver Energie anfüllen, z.B. mit spiritueller Kraft oder Liebe, die sich in Gestalt der *Überzeugung* im Äußeren zeigt, dann muß (!!) sich das Imaginierte manifestieren. Das funktioniert aber nur, wenn es nicht die geringste Gegenenergie in Ihrem Bewußtsein gibt. Jedes bißchen Zweifel könnte zu einem Übergewicht der negativen Imagination führen und Ihren Balanceakt in Gefahr bringen.

Zweifel ist deshalb eine Form von Energie, die unser Bewußtsein begrenzt und unsere Entwicklung aufhält. Beachten Sie aber bitte, daß Zweifel und kritisches Unterscheidungsvermögen (was häufig auch als Zweifel bezeichnet wird) zwei verschiedene Dinge sind. Letzteres ist für unsere spirituelle Entwicklung äußerst notwendig. Unsere Sprache verwendet oft für zwei gegensätzliche Zustände den gleichen Begriff. Dies ist wahrscheinlich deshalb so, weil die Spracherfinder die subtilen Feinheiten des Bewußtseins nicht erkannt haben. Deshalb müssen wir bei der Verwendung von Worten und Begriffen besonders achtsam sein. Die sogenannte Kraft des Wortes hat hier ihre Quelle.

Die positive und aktive Imagination ist die Folge der Kontrolle über das Bewußtsein bzw. die bewußte Verlagerung der Aufmerksamkeit. Wie kann man diese bewußte Imagination erlangen?

Die bewußte und kontrollierte Imagination erlangen wir durch *Disziplin* in der Wahrnehmung und Erzeugung der inneren Bilder. Wie erlangen wir Disziplin?

Disziplin ist ebenfalls ein Bewußtseinszustand. Wie wir Bewußtseinszustände einnehmen können, haben wir bereits gesehen: Durch *Imagination*.

Für die kontrollierte Imagination benötigen wir Disziplin! Für Disziplin benötigen wir die kontrollierte Imagination! Wir befinden uns plötzlich in einem polaren Zirkel oder einem sogenannten Teufelskreis. Wir benötigen den einen Pol für die Entstehung des anderen und umgekehrt. Genaugenommen stoßen wir hiermit an die Grenzen der Wahrnehmungsfähigkeit des Verstandes. An sich dürften wir niemals Disziplin oder kontrollierte Imagination erlangen, wenn das eine das andere bedingt und beide nicht gleichzeitig denkbar sind.

Die Folge ist, daß wir gar nichts tun und stillstehen; auch geistig. Hierin liegt auch tatsächlich der spirituelle Grund für geistige Depressionen. Das ist der innere Sinn und die verborgene Bedeutung des Begriffs »Teufels-Kreis«: Geistiger Stillstand = Bewußtseinsbegrenzung = Negativität = »Teufel«!

Wer sich nicht *in* diesem Kreis der Polarität befindet, kommt nicht herein; und wer drin ist in diesem mentalen Zirkel, kommt nicht heraus. Dies ist der Ausdruck der negativen Kraft der Polarität.

Da wir aber nicht ständig depressiv sind, muß es wohl einen ganz natürlichen Weg aus dieser Zirkularität geben. Einen Weg, den *jeder* geht, aber den wahrscheinlich kaum jemand erkennt, da er über die Grenzen des Verstandes hinausgeht und von diesem nicht wahrgenommen werden kann. Der aber trotzdem natürlich ist, so natürlich, daß niemand ihn als besonders erachtet. Diesen Weg gibt es: Dieser Weg ist die *direkte* Methode. Die *Verlagerung der Aufmerksamkeit.*

Diese Methode ist direkt, weil sie nicht mit Ausdrucksformen des *Selbst* arbeitet (*Imaginationen*), sondern mit der Fähigkeit des *Selbst* an sich, ohne den Umweg durch die Polarität, jeden beliebigen Bewußtseinszustand einnehmen zu können.

Wie verlagert man nun seine Aufmerksamkeit? Antwort: Indem man es tut! Direkt! Ohne darüber nachzudenken. Indem man einfach *ist!*

Sie werden sagen, daß dies genau die Art von Antwort ist, mit der man herzlich wenig anfangen kann. Das stimmt, der *Verstand* kann damit nichts anfangen, da diese Methode für ihn nicht wahrnehmbar ist. Dennoch können wir als *Selbst* diese Methode verstehen und direkt anwenden.

Als Brücke könnte uns hier wieder die Imagination dienen. Wir könnten uns vorstellen, daß wir direkt unsere Aufmerksamkeit auf die Ebene des reinen Seins verlagern. Natürlich können wir dies nicht imaginieren, da wir ja einen Bewußtseinszustand außerhalb der imaginierten Welten einnehmen wollen.

Dennoch kann dieser Trick (diesmal ist das wirklich ein Trick) uns helfen, aus der Polarität herauszukommen. Wir stellen uns vor, wie wir uns einen raum- und zeitlosen Zustand imaginieren! Wir stellen uns etwas vor, was nicht vorstellbar ist. Da es aber nur »nicht vorstellbar« ist, aber dennoch sehr real ist – nur auf einer anderen Ebene des Bewußtseins –, führt uns diese kleine Trick-Imagination zur direkten Verlagerung der Aufmerksamkeit.

Man tut so, als ob man *Selbst* ist. Eine originelle Variante der »Als-Ob-Technik« in einem Bereich, in dem Techniken als solche nicht funktionieren.

Trotzdem funktioniert es! Nun, eigentlich funktioniert es nicht, weil es das ja eigentlich nicht kann! Aber: Über diesen nicht funktionierenden Trick wird unser *Selbst* angeregt, die Verlagerung der Aufmerksamkeit zu vollziehen!

Und für unser *Selbst* (*Achtung* Wortwahl: für *uns!*) ist die kontrollierte Aufmerksamkeit ein natürlicher Vorgang. Deshalb funktioniert es doch!

Vielleicht war das jetzt zu guter letzt doch noch etwas zu kompliziert. Aber lassen Sie sich nicht entmutigen durch diese für den Verstand nicht nachvollziehbaren Überlegungen. Durch das stetige Üben wird sich Ihnen das scheinbar Unglaubliche schrittweise über die eigene Erfahrung offenbaren. Die *Überzeugung*, daß es wirklich funktioniert, wird Ihnen dabei helfen. Wie Sie diese *Überzeugung* einnehmen können, haben Sie gerade gesehen. Versuchen Sie es einfach.

Falls Sie am Ende dieses Buches noch Fragen haben, schreiben Sie sie auf, und nehmen Sie sie mit in die Kontemplation. Denken Sie daran: »Fragen haben« ist auch nur ein Bewußtseinszustand. Nach dem Prinzip der Polarität muß es auf jede Frage auch eine Antwort geben. Wenn die

Frage da ist, dann ist auch schon die Antwort da. Wir brauchen Sie nur wahrzunehmen. Wir brauchen nur den Bewußtseinszustand »Antwort« einzunehmen.

Viel Spaß!

14. Kapitel
»Eine praktische Einführung in die Kunst der Imagination«

In diesem letzten Kapitel werden wir versuchen, ein konkretes Gefühl für die Anwendung der Imagination zu entwickeln. Sie können die folgenden Hinweise als einen Übungsleitfaden benutzen, auch für die Bewältigung ganz »normaler« Alltagssituationen.

Wichtig ist immer nur, daß Sie diese Übungen tatsächlich ausprobieren und sich bewußt sind, daß Sie in jedem Fall Erfahrungen machen, auch wenn es scheint, als ob Sie keine machten! Es scheint nämlich nur so!

Wir haben gesehen, daß die Imagination ein wichtiges Mittel zum Erkennen des *Selbst* ist. Das Imaginieren kann man erlernen, so wie man eine Sprache oder das Spielen eines Musikinstrumentes erlernen kann. Und das werden wir jetzt üben! Immer wenn das Wort *Übung* im Text erscheint, sind *Sie* dran! Lassen Sie sich für die Übungen so viel Zeit, wie Sie wollen.

Setzen Sie sich in Ruhe hin, aber nicht zu locker, ein bißchen Spannung sollte schon noch vorhanden sein, schließen Sie ganz bequem die Augen, und stellen Sie sich jetzt bitte einen Hund vor.

»Übung«

Haben Sie etwas gesehen? Nein? Haben Sie denn überhaupt nichts gesehen, oder nur keinen Hund? Aha! Sie haben also schon etwas gesehen! Nur eben keinen Hund! Das zeigt, daß auch *Sie* imaginieren können! Nur im Moment noch nicht mit der nötigen Kontrolle! Aber das werden Sie bald können! *Warum* haben Sie den Hund nicht gesehen? Haben Sie vielleicht Angst davor gehabt zu versagen? Sie brauchen keine Angst vor dem Versagen zu haben, weil Sie überhaupt nicht versagen können. Das haben Sie ja eben selbst gesehen! Sie haben ja imaginiert, nur eben noch etwas unkontrolliert. Sie haben zum einen das imaginiert, was Sie gesehen haben, auch wenn es kein Hund war, und zum anderen haben Sie imaginiert, daß Sie *keinen* Hund sehen. Auch das ist eine Imagination! Und diese Imagination mußte sich einfach manifestieren, weil Sie dieses Bild mit einer starken Energie angefüllt haben, nämlich Ihrer Angst. Also haben Sie Erfolg gehabt! Allerdings haben Sie Ihren Erfolg noch nicht ganz unter Kontrolle. Aber das wird sich ändern!

Machen Sie die gleiche Übung einfach noch einmal!

»Übung«

Haben Sie jetzt einen Hund gesehen? Na bitte! Machen Sie sich keine Sorgen, wenn Ihr Hund nicht der »Norm« entsprochen haben sollte. In Ihrer Imagination sind Sie völlig frei. Machen Sie sich einen Spaß daraus!

Jetzt aber: *Wie* haben Sie den Hund gesehen? Klar und scharf, so als ob er vor Ihren physischen Augen stehen würde? Oder eher verschwommen, überlagert durch andere Bilder? Haben Sie mehr mit dem Verstand und den Gedanken das Bild erzeugt und ist es Ihnen immer wieder entglitten?

Haben Sie vielleicht im Traum schon einmal ein Bild ganz scharf und präzise gesehen, so als ob Sie es »wirklich« mit Ihren eigenen Augen sehen würden? Ja? Gut! *So* könnte eine Imagination aussehen, wenn Sie das Imaginieren mit der nötigen Geduld üben! Haben Sie den Hund auch so gesehen? Nicht ganz? Nicht immer? Manchmal? Ist Ihnen das präzise Bild immer wieder entglitten? Das wundert mich nicht! Das war zu erwarten! Denn diese Art der Imagination setzt voraus, daß Sie völlig *in das Bild hineingehen.* Und das können Sie nur, wenn Sie Ihren Verstand loslassen können. Deshalb gelingt so etwas hin und wieder im Traumzustand! Dort ist der Verstand ruhiggestellt und läßt eine ganze Menge mit sich machen, was er sich im Wachzustand sehr wahrscheinlich nicht gefallen lassen würde, wie Sie z.B. eben in der Übung selbst gesehen haben.

Das macht aber nichts. Sie haben jetzt wenigstens eine Idee davon bekommen, wie sich eine Imagination anfühlen kann, wenn sie völlig losgelöst gemacht wird. Was Sie bis dahin mit Ihrem Hund erreicht haben, ist aber genauso eine Imagination! Und zwar auch schon eine ganz gute!

Und an dieser Stelle machen wir jetzt weiter.
Stellen Sie sich jetzt ein *Licht* vor!

»Übung«

Und was haben Sie gesehen? Eine Kerze? Eine Sonne? Eine Lampe? Gut! Falls Sie gar nichts gesehen haben, dann stellen Sie sich jetzt ein Kerzenlicht oder eine Sonne vor.

»Übung«

Jetzt stellen Sie sich bitte *Wärme* vor!

»Übung«

Und jetzt machen wir die erste größere Übung: Stellen Sie sich das Licht vor, daß Sie in der vorherigen Übung gesehen haben, z.B. das Kerzenlicht. Jetzt gehen Sie immer näher an das Kerzenlicht heran. Sie beginnen die Wärme zu spüren, die von dem Licht ausgeht. Sie nähern sich dem Licht immer mehr. Die Konturen beginnen zu verschwimmen, Sie gehen jetzt mitten in das Licht hinein und lassen sich von dem Licht umfluten. Sie spüren die angenehme Wärme des Lichts. Genießen Sie. Gehen Sie *in das Bild hinein*. Seien Sie *Jetzt*.

»Übung«

Stellen Sie sich jetzt einen Ton vor! Es kann ein einzelner Ton oder ein ganzes Orchester sein! Nur keine Hemmungen! Es kann auch Ihr imaginierter Hund sein, der plötzlich zu bellen anfängt.

»Übung«

Ist es Ihnen gelungen? Gut! Was ist Ihnen leichter gefallen, einen Ton zu hören oder ein Licht zu sehen? Suchen Sie sich das heraus, was für Sie am einfachsten ist. Und wenn Sie möchten, können Sie ja an dem Schwierigeren später noch einmal üben.

Haben Sie beim Ausprobieren dieser Übungen vielleicht ein wohliges Gefühl gehabt, ein Prickeln, ein Gefühl der Ausdehnung? Wenn ja, dann war das ein Ausdruck Ihres *Selbst*; dann haben Sie sich *Selbst* gespürt. Denn Licht und Ton sind Ausdrucksformen der spirituellen Kraft und damit Ausdrucksformen des *Selbst*.

Machen wir gleich eine Übung daraus!

Stellen Sie sich vor, wie Sie vom Licht oder vom Ton umflossen werden – je nach dem, was Ihnen leichter fällt –, spüren Sie die Wärme. Wärme ist Liebe! Liebe ist spirituelle Kraft! Fühlen Sie jetzt, wie Sie sich *ausdehnen*, wie in Ihrem Kopf das Gefühl des Dehnens und Erweiterns entsteht. Dehnen Sie sich aus. Gehen Sie über die Grenzen Ihres Körpers hinaus. Beobachten Sie, wie Sie sich über Ihren ganzen Körper hinaus ausdehnen und plötzlich Ihren Körper sehen können, so als ob Sie ein außenstehender Betrachter wären. Lassen Sie diesen Eindruck wirken. Gehen Sie *in das Bild hinein*. Spüren Sie die Liebe, die Sie umfließt. Noch einen Moment. Genießen Sie! Dann gehen Sie langsam wieder in den Körperzustand zurück, atmen ein paarmal tief durch und öffnen wieder die Augen.

»Übung«

Und? Wie war's? Wissen Sie, was Sie da eben gemacht haben? Eine außerkörperliche Erfahrung! Sie haben sich *Selbst* erfahren. Und da das *Selbst* ein außerkörperlicher Zustand ist, haben Sie eine außerkörperliche Erfahrung gemacht! Und damit sind Sie der Selbstrealisation einen Schritt näher gekommen.

Barbara Luetgebrune
HEILUNG DURCH
ERKENNTNIS
Das Kosmische Tarot

192 Seiten
DM 16,80
illustriert
ISBN 3-924624-35-6

„Heilen durch Erkenntnis" ist eine völlig neue Methode zur Heilung von körperlichen Schwierigkeiten (besonders psychosomatischer Art) und zur Lösung emotionaler Probleme.
Jeder Mensch hat sich im Laufe seines Lebens Bilder von sich und seiner Umwelt geschaffen, „Blickwinkel", die zu dem Zeitpunkt, da sie entstanden sind, sicherlich passend waren, die sich oftmals aber, durch die menschliche Schwäche, an den Dingen zu haften, zu einem unbewußten (Reaktions-) Programm entwickelt haben.
Diese unbewußten Programme, oder Mechanismen, beinhalten festgehaltene emotionale Energien und führen oft zu unadäquatem Verhalten in der Gegenwart — und die daraus entstehende Kette von Leidenserfahrungen.

Dieses Konzept zur Heilung durch Erkenntnis beruht auf dem kosmischen Gesetz des Duplizierens: Die Auflösung der unbewußten Programme im Hier und Jetzt führt zur Selbstverantwortung für die Zukunft. Der hierzu nötige Erkenntnisprozeß wird mit Hilfe des „kosmischen Tarots" möglich gemacht (unter Zuhilfenahme der Rider-Waite-Tarotkarten). Die Bedeutung der einzelnen Karten können nicht wie bei anderen Kartenbeschreibungen in einem gewissen Rahmen frei interpretiert werden, sondern sind für jede Tarotkarte und Erkenntnisebene genau festgelegt, so daß das Bewußtsein den Informationen des Unbewußten, der heilenden Kraft der Erkenntnis, nicht ausweichen kann.

Ralph Tegtmeier
EVOLUTIONS-TRAINING
Die Methode zur Erschließung der Kraftzentren des Unterbewußtseins — durch Trance-Reisen in die eigene Entwicklungsgeschichte

128 Seiten
DM 12,80
illustriert
ISBN 3-924624-39-9

Der Mensch ist das Ergebnis einer jahrmillionendauernden Entwicklung der Natur. Der Verlust des Bewußtseins dieser Entwicklungsgeschichte führt beim Menschen zu Wurzellosigkeit und psychischen Störungen; Umweltschäden sind die Folgen im weitesten Sinne.
Dieses Buch zeigt einen Weg auf, durch die bewußte Arbeit mit unserem Erbgut, den gespeicherten (menschlichen, tierischen, pflanzlichen und mineralischen) Informationen zu einer neuen Einheit zu finden. Evolution ist erfahrbar, wir können bewußt an ihr teilhaben, denn letztlich sind wir es selbst, die über unsere eigene Entwicklung entscheiden, ausschließlich verantwortlich für alles, was wir tun. Doch dazu müssen wir wissen, wie wir uns im Sinne unserer eigenen Evolution erkennen, entscheiden und verändern können.
Und das können wir mit Hilfe des Evolutions-Training tun: Wir begehen einen individuellen Weg zurück zu den Urquellen geistiger und körperlicher Kraft mittels Imaginationsreisen durch Raum und Zeit, entdecken die Kraft der Atavismen und lernen sie bewußt einzusetzen.
Die Praxis der atavistischen Trance wird mit aufeinander aufbauenden Übungen langsam vermittelt — wir lernen verborgene Schichten der Erberinnerung anzuzapfen und können frühere Daseinsformen auf ganzheitlicher Ebene wiederherstellen, finden zurück zu den Urquellen unserer Existenz und somit zu ungeahnter Kraft und Heilung.

Alex Ignatius
DIE ZENSATIONELLEN
ABENTEUER DES PILGER MU

128 Seiten
DM 12,80
ISBN 3-924624-32-1

Es sind die kleinen Dinge und Erkenntnisse des Alltags, die durch die von Alex Ignatius geschaffene Figur des Pilger Mu in bildhafter Form vermittelt werden. Darstellungen von Erkenntnissen, die es leicht machen, sich selbst wiederzuerkennen, zu schmunzeln, lauthals zu lachen oder sich auch zum Nachdenken anregen zu lassen. Gerade darum wird man die »zensationellen Abenteuer des Pilger Mu« mit einem Schmunzeln und einem Augenzwinkern lieben Mitmenschen schenken wollen, gewissermaßen als einen Zen-Lehrer für die Westentasche.